Barbara Schütze • Monika Czernin

Der Kaiserin neue Kleider

„Das Lebe-dich-selbst-Prinzip"

Junfermann Verlag
2002

Inhalt

VORWORT	**6**
Was sind Bedürfnisse?	6–9
GLÜCK	**10**
Glück, was heisst das?	10–19
BEZIEHUNGEN	**20**
Abenteuer auf dem Trapez	22–73

BERUF   74

Ein erfolgreiches Lebensgerüst   76–119

BALANCE   120

Den inneren „Ton" finden   122–157

DANK   158

Nachwort und Dank   158

LITERATUR   159

Literatur   159–160

VORWORT

Alles begann mit einer Talkshow. Ich sollte dort auftreten, um über mein erstes Buch zu sprechen. Ich sah den Termin mit wachsendem Lampenfieber und – aus verschiedenen persönlichen Gründen – mit ansteigendem Horror nahen. Würde ich als das „Häuflein Elend", das ich in dem Augenblick war, vor die Zuschauer treten, könnte ich genauso gut zu Hause bleiben. Davon war ich überzeugt. Doch als wäre der Himmelsregie an diesem dramaturgischen Wendepunkt meines Lebens im letzten Augenblick eine Skriptänderung eingefallen, lernte ich einen Tag davor Barbara kennen. Sie bot mir ihre Hilfe an. Da die Lage ohnedies aussichtslos war, ging ich auf ihr Angebot ein. Ich erwartete mir Ratschläge zur kommunikationsfreundlichen Sitzhaltung, eine entschiedene Stellungnahme darüber, ob überschlagene Beine als arrogant oder elegant über den Schirm kommen und einige Tipps, wie ich meinen Handbewegungen den nötigen seriösen Anstrich und meinem Augenaufschlag eine zukunftsfrohe, erfolgreiche Note verleihen könnte. Etwa so: „Vermeiden Sie um Himmels willen und unter allen Umständen, nach links unten zu schauen, das suggeriert Hilflosigkeit und Passivität." Derartige Ratschläge haben aber höchstens den Effekt, dass man in der Sendung ganz sicher nach links unten blickt, selbs wenn man normalerweise eher geradeaus zu schauen pflegt. Gott sei Dank kam es anders: Ich verbrachte einen Nachmittag in Barbaras Coaching-Keller, trank Früchtetee, hüpfte von einem Bein auf das andere, wurde von ihr gnadenlos so lange im Kreis gedreht, bis mir übel war. Dann fiel ich in verschiedene Trancezustände, aus denen ich ein wahres Sammelsurium an Symbolen und Maskottchen ans Tageslicht förderte. Ein Wanderschuh, ein Bett, ein Siegelring, eine Lotusblüte und ein buddhistisches Mönchsgewand sollten mir schließlich bei der Talkshow zur Seite stehen. Höchst sonderbar war das, aber es klappte. Ich hinterließ allen Befürchtungen zum Trotz einen überzeugenden, authentischen und selbstsicheren Eindruck im Fernsehstudio.

Der Bergschuh und all die anderen mit einem hintergründigen Sinn aufgeladenen Objekte befinden sich noch heute in meinem imaginären Werkzeugkasten. Dazu kam noch eine ganze Phalanx von Metaphern, Geschichten und Symbolen. Alle sollten mir helfen, immer mehr mich selbst zu leben. Das war schon bei der Talkshow Barbaras „Trick". Sie hatte mir einfach zu mir selbst verholfen – und damit zur positivsten Ausformung meines Selbst. Und das war natürlich um Klassen besser als ein Bildschirm-Pokerface.

Barbara hatte zu ihrer Arbeit als Kommunikationstrainerin gefunden, als sie sich vor dreizehn Jahren von einer schweren Krankheit befreien wollte. Sie besuchte ein NLP-Ausbildungsseminar und lernte, ihren Weg noch viel eigenbestimmter als bisher zu gehen. „Es war eine neue Art der Abenteuerreise. Sie brachte mich zu mir selbst, meine Krankheit zum Verschwinden und mich schließlich dazu, das ‚Lebe dich selbst Prinzip' anderen Menschen beizubringen." Vor nunmehr zehn Jahren begann sie dann, ihre Erfahrungen und ihr Wissen in unzähligen Vorträgen, Seminaren und Ausbildungskursen weiterzugeben. „Am Ende eines gut gelungenen Kurses sieht man den Teilnehmern an, dass sie ein Stück weit sich selbst wiederentdeckt haben. Ihre Augen leuchten und ich habe das Gefühl, genau das Richtige zu tun", erzählte sie mir eines Tages.

Das „Lebe dich selbst Prinzip" war für uns beide zu einem Schwungrad neuer Entwicklungen geworden. Und so entstand eines Tages die Idee, darüber eine gemeinsame Ich-Erzählung zu schreiben.

Mit unserem Buch wollen wir Ideen anstoßen, Denkprozesse in Gang bringen und Ihre Lust wecken, den Weg des „Lebe dich selbst Prinzips" zu gehen. Lesen Sie dieses Buch wie eine Abenteuergeschichte, lassen Sie sich einfach auf eine Reise mitnehmen und beobachten Sie, was dabei passiert. Die ausgewählten Übungen sollten Sie mit Muße durchführen. Vor allem für die Trancen und Phantasiereisen sollten Sie einen ruhigen Ort wählen, an dem Sie sich gut entspannen können. Alle in dem Buch angeführten Phantasiereisen können Sie ohne weiteres alleine machen, am besten lesen Sie sich die Übungen mehrere Male hintereinander langsam durch. Natürlich können Sie auch eine Ihnen vertraute Person bitten, Sie zu „führen", Ihnen die Übungen vorzulesen. Dass alles so bleibt wie zuvor, wäre das Schlimmste, was passieren kann. Das Beste wäre, dass Sie zu Ihrem „Lebe dich selbst Prinzip" finden.

Das wünschen wir Ihnen mit diesem Buch von ganzem Herzen.

Abschließend weisen wir noch darauf hin, dass Sie die Übungen in eigener Verantwortung machen. Wer tiefer in den Prozess einsteigen will, kann sich auch einen professionellen Coach suchen, der ihn in seiner Entwicklung begleitet.

Monika Czernin und Barbara Schütze

Glück, was heisst das?

Vielleicht kann man glücklich sein, wenn man es sein will,

und ich hab' einmal gelesen, man könne das Glück auch lernen.

(Theodor Fontane)

Wie kann ich mit meinen Veranlagungen und in meiner Umwelt ein glückliches, sinnvolles Leben führen?

Was ist Glück? Wie fühlt es sich an? Vor allem aber: Ist Glück herstellbar? Das ist die zentrale Frage, die Frauen – aber natürlich auch Männer – in meine Seminare oder Coachingstunden bringt. Vorerst ist ihnen ihr Anliegen zwar meist nicht bewusst, sie haben Karriereprobleme, Fragen zur Erziehung ihrer Kinder oder Schwierigkeiten mit ihrem Partner im Kopf und seelische Verstimmungen im Herzen. Erschreckend vielen Menschen scheint heute die Sinnhaftigkeit ihres eigenen Lebens und Handelns abhanden gekommen zu sein. Und doch. Nach einigen Stunden gemeinsamen Arbeitens haben wir meistens die Kernfrage allen Menschseins herausgearbeitet: Wie kann ich mit meinen Veranlagungen und in meiner Umwelt ein glückliches, sinnvolles Leben führen?

Erinnerung als Potenzial

Fast alle Menschen haben eine Ahnung davon, viele erinnern sich an glückliche Momente in ihrem Leben, manche kennen gar das zu tiefst erfüllende Gefühl, im Einklang mit sich und der Welt zu sein. Die Bilder und seelischen Eindrücke, die das Glück bei ihnen hinte lassen hat und die ich mit ihnen wieder an die Oberfläche ihres Bewusstseins hole, sind vielfältig: Für den einen ist es ein vollendeter Frühlingstag, einer jener Tage voller Versprechungen auf ein fröhlicheres, beschwingteres Leben nach frostigen Wintertagen. Für Mütter ist das Gefühl tiefen Glücks oft mit der Geburt ihres ersten Kindes verbunden. Manche entdecken Kindheitserlebnisse, fördern Erinnerungen an ihre erste Liebe oder an eine außergewöhnliche Reise aus dem Depot ihres Unbewussten zu Tage. Jeder hat auch solche Bilder auf Lager, nicht nur all diese in dunklen, depressiven Farben gehaltenen Eindrücke. Schätze aus dem Depot des Unbewussten zu bergen, ist der Hauptbestandteil meiner Arbeit. Unter dem Unbewussten verstehe ich das Riesenpotenzial an Ressourcen, die jeder Mensch in sich trägt, aber im nötigen Moment nicht bewusst zur Verfügung hat.

DAS GEHEIMNIS DES GLÜCKS ENTSCHLÜSSELN

Mein Ziel ist, das Gefühl, im Einklang mit sich und der Welt zu sein und sein Schicksal in die eigene Hand nehmen zu können, wieder zu einem Bestandteil des Lebens werden zu lassen. Das ist nicht einfach. Welch hohe Kunst sich dahinter verbirgt, zeigt eine Parabel, die der Schriftsteller Paulo Coelho, selbst ein spiritueller Lehrmeister von Format, in seinem Welterfolg „Der Alchimist" be-

Das Gefühl, im Einklang mit sich und der Welt zu sein und sein Schicksal in die eigene Hand nehmen zu können, muss wieder zu einem Bestandteil des Lebens werden.

schreibt. Er erzählt von einem Jungen, der mit der Frage nach dem Geheimnis des Glücks zum Weisesten der Weisen pilgerte. Der viel beschäftigte Meister jedoch gab vor, keine Zeit für ihn zu haben. „Aber ich möchte dich um einen Gefallen bitten", sagte er und drückte dem Jungen einen Teelöffel in die Hand, auf den er zwei

Werde die, die du

Öltropfen träufelte. „Während du dich in meinem Palast umsiehst,

schon immer sein

darfst du das Öl nicht verschütten", bat der Weise. Als der Junge

wolltest!

nach zwei Stunden wieder bei ihm erschien, fragte er ihn: „Na?

Erfinde dich im

Hast du meine kostbaren Perserteppiche, den prachtvollen Park

Einklang mit dir

und die wertvollen Pergamentrollen in meiner Bibliothek gese-

und deiner Um-

hen?" Der Junge war beschämt. Er hatte nichts von all dem be-

gebung neu!

merkt, weil er nur auf das Öl aufgepasst hatte. „Also zieh noch ein-

mal los und schau dir all die Herrlichkeiten meiner Welt genau an", sagte der Weise. Als er diesmal voller Eindrücke und Bilder zurück- kam, hatte er die beiden Öltropfen verloren. Da blickte ihn der Weise an und sprach: „Also, dies ist der einzige Rat, den ich dir ge- ben kann. Das Geheimnis des Glücks besteht darin, alle Herrlichkei- ten dieser Welt zu schauen, ohne darüber die beiden Öltropfen auf dem Löffel zu vergessen."

Nun: Was bedeutet diese Geschichte? Der Hirte in Coelhos Roman wusste es: Er reiste zwar gerne, aber er würde nie seine Schafe ver- gessen. Darum geht es auch in diesem Buch. Es ist ein Führer zu ei

nem neuen – und ewig alten – Prinzip: Lebe dich selbst! Werde die, die du schon immer sein wolltest! Erfinde dich im Einklang mit dir und deiner Umgebung neu! Es ist nicht leicht, das „Lebe dich selbst Prinzip" zu erlernen, es ist wie der Übergang in ein anderes Land. Alte Gewohnheiten und Sicherheiten hinter sich zu lassen, macht Angst, neue Potenziale zu entdecken oft erst recht. Aber ich verspreche Ihnen, dass die Reise immer aufregend, manchmal neu und letztlich sinnvoll sein wird. Die innere Zerrissenheiten wird sie ver-

Glück

söhnen und Sie dazu führen, wieder bewusster zu erkennen, was für ein Leben zu Ihnen passt. Sie wird Ihnen zu Entscheidungen verhelfen, die Ihrem Leben einen neuen Sinn verleihen. Was hindert Frauen heute sich selbst – und damit glücklich – zu sein, da sie alle Wahlmöglichkeiten haben und die weibliche Emanzipation zum erfolgreichsten Projekt des vergangenen Jahrhunderts ausgerufen wurde? Werden Frauen heute zu Unrecht als das „starke Geschlecht" bezeichnet? Oder sind sie bloß überfordert, von den Slogans neuer weiblicher Rollenbilder und davon, dass sie bei allem im Leben die Qual der Wahl haben. Im Ernst: Viele Frauen, die zu mir kommen, leiden unter einer inneren Zerrissenheit so als würden sich die alten Fragen nach Kindern und/oder Karriere, nach Partnerschaft und eigenem inneren Wachstum, nach Freiheit und Gebundenheit wie bedrohliche Felsbrocken in ihren Lebensweg stellen. Was sollen sie nicht alles sein: Karrierefrauen und dennoch hingebungsvolle Mütter, so sexy wie Claudia Schiffer und dennoch treue Ehefrauen, dazu natürlich ewig jung, speck- und sorgenfaltenlos. Zu guter Letzt sollen sie nun auch noch mit ihrer spezifisch weiblichen Art zu denken die Zukunft retten. Und da in den Illustrierten und Frauenzeitschriften alle paar Monate ein neuer Trend zum Thema ausgerufen wird, wird die Stimme der eigenen Bedürfnisse immer leiser. Sie werden von den marktschreierischen,

Die Wahl zu haben verschiedene Lebensmodelle leben zu können, hindert viele Frauen oft an der richtigen Entscheidung.

schnell wechselnden Frauenbildern übertönt, die so etwas wie Heilserwartungen des neuen Jahrhunderts zu sein scheinen. So jedenfalls kommt es mir manchmal vor. Kein Wunder, dass oft verzweifelte Frauen zu mir kommen anstatt solche, die zum Wohl des Ganzen sich selbst und ihre weiblichen Kräfte annehmen und selbstbewusst ihre Ziele umsetzen und erreichen. In meiner Arbeit, dem sogenannten Selbst-Coaching, sammeln wir die bedrohlichen Felsbrocken vom Weg auf und machen aus ihnen wichtige Lebensbausteine. Coaching kommt ursprünglich aus dem Sport. Jeder gute Sportler hat einen Coach, der nicht unbedingt vom Fach sein muss, jedoch den Sportler zu Höchstleistungen motiviert und ihm zum Sieg verhilft. Dieses Konzept hat die Managementberatung übernommen, heute ist es zu einem allgemeinem Trend bei der Beratung von Menschen in allen Lebenslagen geworden. Der Coach ist

Wenn die gesellschaftlichen Strukturen zu flexibel und durchlässig sind um Halt zu geben, kann ein Coach helfen, den richtigen Weg zu finden.

BUS DES LEBENS

Stellen Sie sich vor, Sie säßen in einem Bus. Es ist Ihr eigener Bus – Ihr eigenes Leben. Sie sitzen in der letzten Reihe und der Bus fährt – ohne Fahrer – durch die Straßen einer Stadt. Er biegt um Ecken, überquert Kreuzungen, hält sich auf der linken Fahrbahn oder fährt geradewegs zur Stadt hinaus und dreht über Land seine Runden. Sie lassen ihn gewähren, so als säßen Sie in einem fremden Bus.

Wäre es nicht besser, Sie selbst würden Ihren Bus – Ihr Leben – steuern und die Fahrtrichtung bestimmen, die für Sie passend erscheint?

Glück

eine Art Katalysator, ein Helfer, einer, der die richtigen Fragen stellt und hilft, die Antworten zu sortieren. Er lehrt nicht, er unterstützt einen Prozeß, den sein Schützling gehen möchte – mehr nicht. Jeder kann sich selbst verändern, indem er Verantwortung für sich übernimmt und seine innere Landkarte kennen lernt.

Der Bus des Lebens

Tatsächlich steuern viele ihren Bus nicht wirklich selbst. Die Umstände, der Partner, die berufliche Position, die Eltern, Konventio-

nen oder das Milieu halten das Lenkrad in der Hand. Wenn Sie aber Ihren Bus selbst chauffieren, für sich und Ihr Leben Verantwortung übernehmen, werden Sie viel über die Fahrtrichtung und die Etappenziele Ihres Weges erfahren, Sie werden plötzlich wissen, warum Sie bestimmte Gassen – sind es wirklich Sackgassen? – umfahren, warum Sie manchmal anhalten und nicht mehr weiter wissen und warum Sie schließlich diese ganz bestimmte Straße aus dem Kreisverkehr wieder herausgefahren sind. So lernen Sie Ihre „innere Landkarte" kennen. Dort sind alle Erfahrungen, Erlebnisse, Gefühle und Gedanken abgespeichert. Im Coachingsprozess geht es darum, diese „innere Landkarte" kennen zu lernen, wahrzunehmen, in welche Richtung die Fahrt geht und wo nötig, das Ruder herumzureißen. Bei diesem Prozess werden angenehme und unangenehme Erinnerungen an die Oberfläche des Bewusstseins treten und Auskunft über den gegenwärtigen Zustand Ihres Lebens erteilen. Anschließend können Sie sich fragen, welche Verhaltensweisen und Gefühle Sie bereichern und welche Sie ändern wollen. „Was brauche ich...?" „Was hätte ich gerne stattdessen...?" Einfache Fragen also. Die Antworten sollten immer positiv und in der Gegenwart formuliert werden, gerade so als würden sie schon gelebt. Und noch etwas: Die Ziele sollten immer in Ihrem eigenen Verantwortungsbereich liegen. Andere Menschen müssen sich schon selbst verändern. Wir

Nachdem Sie jetzt der Fahrer Ihres Busses sind, können sie auch niemand anderen für seine Fahrtrichtung verantwortlich machen.

können und sollen das nicht für sie tun. Das Gleiche gilt freilich für Sie: Nachdem Sie jetzt der Fahrer Ihres Busses sind, können Sie auch niemand anderen für seine Fahrtrichtung verantwortlich machen. Wenn Sie unterdrückt werden, können Sie herausfinden, wie und warum Sie sich unterdrücken lassen – und schließlich Ihren eigenen Standpunkt verändern. Mehr nicht. Aber Ihre Korrekturen werden ohnedies alles verändern! „Lebe dich selbst" ist mehr als eine Betriebsanleitung für eine noch reibungslosere Karriere, es ist weder ein Plädoyer für die „guten" noch für die „bösen" Mädchen. Es folgt auch nicht einem naiven Flowerpower-Prinzip. „Lebe dich selbst" ist die ultimative Aufforderung. Eine Aufforderung zu persönlicher Bestleistung in allen lebensrelevanten Bereichen. Bestimmt macht es frei, wahrscheinlich glücklich und sicher vertreibt es die Langweile. Aber es ist kein Ego-Trip, kein alle-Brücken-abbrechen, denn die Ziele, die Sie sich stecken, werden sich nur dann erfüllen, wenn es Ihnen und Ihrem Umfeld gut damit geht.

Der Psychoanalytiker C.G. Jung hat einmal gesagt, dass die Menschen mehr Angst vor ihren Stärken als vor ihren Schwächen haben. Und der chinesische Lehrer Konfuzius wusste, dass wer ständig glücklich sein möchte, sich verändern muß.

Packen Sie also all Ihren Mut zusammen und entdecken Sie das „Lebe dich selbst Prinzip".

Glück, was heisst das?

„Welche Beziehungsform ist für mich die Richtige,

entscheide ich überhaupt frei darüber, welche

Form der Beziehung mir gut tun würde?"

ABENTEUER

AUF DEM TRAPEZ

ngen

ABENTEUER AUF DEM TRAPEZ

„Beziehung verstehen wir als Balancieren in einem gemeinsamen Prozess, der den Wandel und das Wachsen aller beteiligten Personen erfasst. "

(Gundl Kutschera)

Manchmal würde ich für viele der Frauen, die mit Beziehungsproblemen zu mir kommen, am liebsten folgende Annonce in die Zeitung geben: „Junge Frau, 31, ein Kind, beruflich erfolgreich, viele Freunde, politisch engagiert, frisch und glücklich geschieden, sucht einen Mann fürs Leben, der eine perfekte Hausfrau will, mit ihr drei weitere Kinder bekommen möchte und bloß seine eigene Karriere im Kopf hat." Jene Frauen würden mich dann wohl wutentbrannt anrufen, alle weiteren Consulting-Stunden stornieren und ihre Beziehungsprobleme mit jemand anderem bereden. Doch einige würden vielleicht auch aufhorchen, stutzig werden und nach einigem Überlegen womöglich befreit über sich selbst lachen können.

Sie müssten gestehen, dass in diesem zugegebenermaßen überzogenen Beispiel, wie oft bei Übertreibungen und in Karikaturen, ein großes Stück Wahrheit steckt. Eine Wahrheit, die unseren Alltag und die unterschiedlichsten Arten der Beziehungen, die unser Leben (er-)füllen, zu einer unbewältigbaren Quadratur des Kreises werden lässt. Wer kennt das nicht: Gegensätzliche Werte, Lebensmuster, Regeln und Bedürfnisse kämpfen in unserem Inneren ge-

geneinander, stiften Verwirrung im Alltag und führen letztlich zu einer Kette von Problemen. Gerade in Beziehungen sind viele Menschen Opfer eines Widerstreits zwischen alten und neuen Rollenbildern, zwischen den Werten der Großmütter und denen des Informationszeitalters und schließlich Opfer ihrer eigenen Unfähigkeit, einfach sich selbst zu leben.

Mut ist, die Beziehungsform zu hinterfragen

Den meisten ist es nicht einmal bewusst, dass sie in all ihren Beziehungen wie ferngesteuert agieren, dass sie allen und allem gerecht werden, nur nicht ihren eigenen innersten Bedürfnissen. Schon gar nicht kämen sie auf die Idee, dass es möglich ist, sich und seine Beziehungen selbst und bewusst neu zu erfinden. Sie kommen zu mir, weil sie auf eine diffuse Art unzufrieden sind, von einer Alltagskrise in die nächste schlittern und das Gefühl haben, wie ein Hamster im Rad laufen zu müssen. Was sie selbst wollen, welche Arten von Beziehungen sie glücklich und eins mit der Welt machen würden, haben sie schon lange vergessen.

Dabei waren die Bedingungen für das „Lebe dich selbst Prinzip" nie besser. Männer und Frauen werden „mehr und mehr die Gesetzgeber ihrer eigenen Lebensform, die Richter ihrer Verfehlungen, die Priester, die ihre Schuld wegküssen, die Therapeuten, die die Fesseln der Vergangenheit lockern und lösen." So beschrieb schon vor zehn Jahren das Soziologenpaar Beck-Gernsheim die neuen gesellschaftlichen Freiräume. Oder ist es eher die neue gesellschaftliche Unübersichtlichkeit? Traditionelle Ehen und moderne Lebensgemeinschaften, Patchworkfamilien mit Partnern und Kindern aus mehreren Beziehungen, Singles mit und ohne Kinder. Heute ist jegliche Form von Beziehung möglich und möglicherweise auch sinnvoll.

Die Bedingungen für das „Lebe dich selbst Prinzip" waren nie besser!

Was also hindert uns, in dem gesamten Beziehungsgeflecht, dem „ganz normalen Chaos der Liebe", einfach wir selbst zu sein? Die meisten wissen gar nicht, wer das sein sollte und was dieser Jemand dann tun würde wollen. Auch ist es so, daß jeder mit alten Verhaltensmustern und neuen Rollenbildern kämpft. Und es ist einfach ungewohnt, ständig Entscheidungen treffen zu müssen und für sich selbst einzustehen. Ein Leben nach dem „Lebe dich selbst Prinzip" führt zu vielen Veränderungen – ja das eigene Lebenspuzzle immer wieder neu zu gestalten und Korrekturen zuzulassen, ist sozusagen der Grundbaustein des Prinzips. In der Entwicklung und im Wachstum aller Beteiligten stehen zu bleiben, ist hingegen nicht produktiv.

Klingt mühsam, aber wer erst einmal begonnen hat, an sich selbst zu glauben, erhält Hilfe von außen durch die Magie der Spontanität.

Stillstand in Mitten Wachstum und Entwicklung aller Beteiligten stehen zu bleiben, ist nicht produktiv.

KONTURLOSE BEZIEHUNGSMUSTER

Wenn wir etwas näher an das Bild herangehen, stellen wir fest, dass es in der heutigen Zeit für glückliche, ganzheitliche und gleichwertige Beziehungen keinen vorgegebenen Rahmen mehr gibt. Die althergebrachten Regeln und traditionellen Rollenbilder gelten nicht mehr, neue sind aber erst im Entstehen. So haben Frauen – und

Beziehungen

Männer natürlich erst recht – noch alte Verhaltensmuster in sich, während ihr Kopf schon von neuen Vorstellungen über ein gelungenes Beziehungsleben erfüllt ist. Das ergibt viele Probleme bei der Gestaltung von Beziehungen – zu Partner(n), Kind(ern), Eltern und Freunden.

Feste Werte engen ein – freie Regeln machen unsicher

Vor hundert Jahren war es in den meisten Fällen einfacher, eine klare Entscheidung über die eigene Lebensweise zu treffen. Einfacher deshalb, weil nur wenige Wahlmöglichkeiten bestanden. So

erlernten Männer meist den Beruf des Vaters und Mädchen wussten,
daß ihre Aufgabe mit den berühmten drei Ks – Kinder, Küche und
Kirche – hinlänglich definiert war. Auch bei der Wahl des Partners
waren die Grenzen klar, und an eine Trennung war schon aus „ver-
sorgungstechnischen" Gründen nicht zu denken. Männer und Frau-
en hatten klaren Rollenbildern zu entsprechen, andernfalls sank-
tionierte das die Gesellschaft, die Kirche, das Rechtssystem. Klarheit schafft aber immer auch ein Gefühl der Sicherheit, klare
Regeln machen das Verhalten und Leben in einer Gemeinschaft einfacher. Doch „wer Werte bewahren will, muss Strukturen ändern"
(Eckhard Eppler).

Der Spielraum für die Gestaltung des Lebens als Mann oder als Frau ist in hohem Maße gewachsen.

Heute stehen im Verhältnis dazu eine Vielzahl an Möglichkeiten zur
Verfügung, und wir können verhältnismäßig frei und individuell
über die Wahl unseres Berufes oder unseres Lebenspartners entscheiden. Der Spielraum für die Gestaltung des Lebens als Mann
oder als Frau ist in hohem Maße gewachsen. Das bedeutet, dass er
auch neu ausgefüllt werden muß. Die permanente Herausforderung
unserer Zeit besteht darin, uns eigenverantwortlich für eine der
vielen Möglichkeiten zu entscheiden und die Kriterien herauszufin-
den, die uns dies ermöglichen. Damit die Herausforderung nicht zu
einer permanenten realen und seelischen Überforderung wird, will
Beziehungen leben als Abenteuer auf dem Trapez erlernt werden.

In den Kapiteln zu diesem wichtigen Abschnitt des Buches werden die unterschiedlichen Beziehungsarten – zu Partner(n), Kind(ern), Eltern, sich selbst und Freunden – unter die Lupe genommen. Die widerstreitenden Verhaltensmuster und Vorstellungen werden entwirrt und Ziele für den passenden Mix in der jeweiligen Lebensphase formuliert. Man kann diesen Prozess mit einem Baukastensystem vergleichen, in dem jeder für sich herausfindet und entdeckt, was er braucht, um die einzelnen Elemente zu einer Ganzheit zusammenfügen zu können, wie aus einer alten „Bau"-Anordnung ein neuer Lebensplan entsteht.

DIE INNERE LANDKARTE KENNEN LERNEN

Wer auch immer zu mir kommt, mit welchem Beziehungsproblem auch immer, zuerst versuche ich, ihn auf seine „innere Landkarte" aufmerksam zu machen. Das ist jener Ausschnitt der Wirklichkeit, den diese Person momentan als Horizont ausgewählt hat. Es ist nie die ganze Wirklichkeit. Die „innere Landkarte" ist nicht von Geburt an festgelegt. Sie wird durch unsere Erfahrungen im Laufe des Lebens geprägt. Als Erwachsene haben wir die Möglichkeit, eigenverantwortlich zu wählen, wie diese „innere Landkarte" beschaffen sein soll. Für das Thema Beziehung bedeutet das, dass wir balancieren lernen, dass wir uns dem Abenteuer auf dem Trapez stellen:

Denn Balancieren heißt, ein Gleichgewicht zwischen unseren eigenen Bedürfnissen und denen der Menschen, die uns wichtig sind, immer wieder neu herzustellen, denn die eigenen Bedürfnisse wie die der Partner, Kinder etc. ändern sich mit jeder neuen Lebensphase. Wie das geht, zeige ich Ihnen auf den folgenden Seiten.

Abschied und Neubeginn:
Familien- und Gesellschaftsmythen enttarnen

Ein wichtiger Grund, der uns hindert, „den eigenen Bus zu steuern", sind die alten Verhaltensmuster, die wir seit unserer Kindheit mit uns herumschleppen. Nie wollten wir so werden wie unsere Mütter, und doch ist unsere Freiheit, andere Verhaltens- und Reaktionsweisen zu entwickeln, so gering ausgefallen. Warum nur? Mit Fug und

Entweder führen wir die alten Muster widerspruchslos weiter, oder wir revoltieren und lehnen uns dagegen auf.

Recht behaupten wir uns als Erwachsene in einer Welt der Erwachsenen und handeln doch oft wie Kinder, die am Gängelband ihrer Eltern baumeln. Entweder führen wir die alten Muster widerspruchslos weiter, oder wir revoltieren und lehnen uns dagegen auf – was im Endeffekt immer auf dasselbe hinausläuft, nämlich darauf, nicht loslassen zu können. Oft ist es sogar so, dass nicht die Eltern diejenigen sind, die ihre Kinder nicht loslassen, sondern die Kinder ihre Eltern. Denn alte Verbindungen sind oft schwer zu lösen. Manchmal reichen die Muster sogar über die eigenen Eltern zu den Großeltern und weiter in frühere Generationen zurück. Typische Glaubenssätze, wie zum Beispiel, „alle Frauen in unserer Familie sind dick, haben herrische Männer und begnügen sich mit der Hausfrauen- und Mutterrolle", können einschränkende Muster prägen.

Elternmuster werden oft widerspruchslos übernommen, auch wenn man sich hundertmal geschworen hat, nicht wie seine Eltern zu werden.

Einmal kam eine Frau aus einer so genannten „alten" aristokratischen Familie zu Beratungsgesprächen zu mir. Nach einigen Coachingstunden erzählte sie mir von einen Traum: In diesem Traum sei sie plötzlich wieder in jenem uralten, großen Schloss gewesen, in dem sie als Kind mehrere Sommer verbracht hatte und das seit einiger Zeit zum Verkauf stünde. Der Besitzer, ihr Cousin, hatte schon das gesamte Mobiliar versteigert. Nun aber, so träumte sie, habe er überall Zwischenwände eingezogen und das gesamte Haus in 217 Rumpelkammern unterteilt. In jede Rumpelkammer habe er überdies ein Klosett einbauen lassen. Über diesen Traum mussten sie und ich noch lange lachen, so deutlich sprach er von ihrem Wunsch, Abschied von tausenderlei Dingen zu nehmen und Platz für Neues zu schaffen. Doch im Traum hatte sie noch vor Wut über die Barbarei ihres Cousins geweint. Loslassen ist eben ein schmerzhafter Prozeß. Das wusste auch der französische Schriftsteller André Gide als er schrieb: „Es ist ein Gesetz im Leben. Wenn sich eine Türe vor uns verschließt, öffnet sich eine andere. Die Tragik jedoch ist, dass man meist nach der geschlossenen Türe blickt und die geöffnete nicht beachtet."

Versöhnlicher Abschied

Um loslassen zu können, muss man sich mit der eigenen Vergangenheit – womöglich auch noch der Vor- und Vorvorvergangenheit – versöhnen und verzeihen lernen. Das ist das Erstaunliche. Der Kampf gegen die Dämonen aus der eigenen Kindheit gelingt nur, indem wir sie annehmen und ihres Weges ziehen lassen, nicht indem wir sie unausgesetzt in Schach zu halten versuchen. Die Idee, dass man sich seine Eltern selbst auswählt, um bestimmte Erfahrungen zu machen, kann da Erleichterung schaffen. So entsteht ein neues Koordinatensystem für den Prozess von Abschied und Loslassen. Gehen Sie davon aus, dass Ihre Eltern das Beste an Sie wei-

Für das Vergangene dankbar sein und dennoch sich davon lösen.

tergegeben haben, das sie weiterzugeben fähig waren, und bedanken Sie sich dafür. Selbst wenn es nicht viel war, so glaube ich doch, dass es aufgrund ihrer eigenen Geschichte das Bestmögliche war. Vielleicht waren bestimmte Verhaltensweisen, die durch die Familie oder Herkunft geprägt waren, auch in der Kindheit sinnvoll und gut, etwa weil sie Sie geschützt haben. Heute jedoch hindern sie Sie daran, so zu sein wie Sie wirklich sind. Für das „Lebe dich selbst Prinzip" ist es aber unumstößlich, sich von alten Verhaltensmustern zu verabschieden und die zu werden, die man schon immer sein wollte. Wenn Sie diese Übung richtig gemacht haben, werden Sie sich wo-

DAS DURCHSCHNEIDEN DER NABELSCHNUR

Nehmen Sie eine entspannte Haltung ein. Setzen Sie sich oder legen Sie sich auf Ihr Sofa. Nun nehmen Sie die Verbindung zu Ihrer Mutter wie eine Nabelschnur wahr. Wie sieht diese Nabelschnur aus? Hat sie eine bestimmte Farbe oder Form? Wie dick ist sie? Gehört ein Klang zu dieser Vorstellung? Eine bestimmte Stimmung? Ein Geruch? Nehmen Sie die Verbindung wahr, so genau Sie nur können. Wo beginnt die Nabelschnur und wo endet sie? Geht sie von Herz zu Herz oder von Stirn zu Stirn? Nun nehmen Sie eine Schere oder ein Messer und trennen Sie diese imaginäre Nabelschnur durch. Wiederholen Sie diesen Vorgang mit Ihrem Vater. Was passiert, wenn Sie die Nabelschnur durchschneiden? Wie fühlt es sich an? Nehmen Sie wahr, Sie durch die Beziehung zu Ihren Eltern alles bekommen haben, und bedanken Sie sich bei Ihnen für alle Gaben. Dann geben Sie in aller Freundschaft die Verbindungen, die noch aus Ihrer Kindheit stammen, zurück und verabschieden sich in Dankbarkeit.

möglich traurig fühlen oder sonderbar leer, oder Sie werden kurzfristig das Gefühl haben einen alten, wohl bekannten Halt verloren zu haben. Das zeigt nur, dass wirklich etwas passiert ist. Lassen Sie sich überraschen, wie viel Platz für Neues Sie damit schaffen, ohne all das Gute aus Ihrer Vergangenheit weggeworfen zu haben. Diese Übung kann man übrigens genauso machen, wenn die Eltern bereits verstorben sind oder wenn sie sich nie um einen gekümmert haben. Auch von den Phantomen unseres Lebens müssen wir uns verabschieden. Einem Menschen zu verzeihen und loszulassen, der nie für einen da gewesen ist, kann besonders schwer sein.

Es sind aber nicht nur die Eltern, die wir loslassen müssen. Loslassen müssen wir so vieles und so oft. Zum Beispiel unsere Kinder, geliebte Menschen, die gestorben sind, Freunde, die sich von uns abgewandt haben. Ja, auch von Lebenssituationen oder bestimmten Lebensphasen gilt es, sich von Zeit zu Zeit zu verabschieden, denn nur wer im Fluss ist, bleibt lebendig. Weil diese Fähigkeit so wichtig ist, gebe ich Ihnen noch eine zweite Abschiedsübung, die Sie bei Bedarf einsetzen können.

EINE PHANTASIEREISE

In dieser Reise verabschieden Sie sich von einer Person, die für Ihr Leben wichtig war und es noch immer ist. Dieser Abschied wird Ihnen helfen, diese Person loslassen zu können, so dass Sie in Zukunft Ihren Weg wieder leichter und froher gehen können. Machen Sie es sich bequem und entspannen Sie sich. Dann gehen Sie in Ihrer Vorstellung durch eine Tür in eine andere Welt. Sie sehen eine wunderbare Landschaft mit einem Weg, der zu einer Bogenbrücke führt. Sie wissen, dass Sie auf dieser Brücke dem Menschen begegnen werden, von dem Sie sich verabschieden wollen. Sie spüren die Kraft, die für diesen Abschied nötig ist und wissen, dass es für beide ein guter Abschied werden wird. Unter Ihnen fließt der Fluss des Lebens, der Ihnen alle nötige Zuversicht für diesen Abschied schenkt, während auf der anderen Seite der Brücke die Person auf Sie zukommt. Wenn sie Ihnen gegenübersteht, erinnern Sie sich an all das Schöne, das Sie mit ihr erlebt haben. Sagen Sie es ihr – und bedanken Sie sich für all das Gute, das Sie auf Ihrem Lebensweg weitergebracht. Anschließend lassen Sie sich von Ihrem Gegenüber erzählen, was es alles Schönes mit Ihnen erlebt hat und welche wunderbaren Geschenke Sie ihm ge-

macht haben. Während Sie als nächstes der anderen Person sagen, was für Verletzungen und negative Gefühle noch in Ihnen sind, spüren Sie, wie Sie von Herzen verzeihen und erleben, wie Sie alles Negative loslassen können und freier und leichter werden. Dann spricht Ihr Gegenüber über die Verletzungen, die Sie ihm zugefügt haben und über seine negativen Gefühle. Sie erleben, wie auch diese Person befreit wirkt und verzeihen kann. Mehr und mehr kehrt zwischen Ihnen Verständnis und Achtung ein – vielleicht sogar ein innerer Frieden, der es leichter macht, sich voneinander zu verabschieden. Der Fluss unter Ihnen erfüllt Sie durch sein Glitzern mit all der Ruhe die Sie brauchen, um Ihren eigenen Weg zu gehen. Sie spüren, wie dieser Abschied friedvoll ist und wie er zu einem neuen Anfang für Sie werden wird. Dann verabschieden Sie sich, und jeder geht wieder von der Brücke herunter. Mehr und mehr tauchen Sie wieder in die wunderbare Landschaft ein und spüren eine neue Kraft, die Ihren Weg reich und schön werden lässt. Sie genießen das Bewusstsein, von einem Menschen beschenkt worden zu sein, von dem Sie sich auf schöne Art verabschiedet haben. Sie kommen wieder ganz ins Hier und Jetzt zurück.

ABENTEUER AUF DEM TRAPEZ

LEBE DICH SELBST – UND LIEBE DEINEN PARTNER

Rita Hayworth über ihren vierten Ehemann, Dick Haymes, als sie sich verliebten: „Ich folge ihm überall auf der Welt hin." Nachher: „Ich weiß nicht, wo er steckt – und es ist mir auch egal."

Richard Burton über Elizabeth Taylor, als er sie kennen lernte: „Ihr Körper ist ein Wunder der Baukunst." Nachher: „Sie ist zu fett und hat kurze Beine."   **(Jeffrey Ullmann)**

Einmal kam ein altes Pärchen, beide weit über siebzig, zu mir. Seit Jahren, wenn nicht Jahrzehnten waren sie zerstritten, sie redeten nur das Nötigste miteinander, gingen sich, so gut es ging, aus dem Weg und ärgerten sich – auch schon seit Jahrzehnten – immer über die gleichen Eigenschaften und Marotten ihres Partners. Ein nicht untypisches Paar also. Sie hatten von meinen Seminaren gehört und waren neugierig geworden. Vielleicht war das ja ein Weg, doch noch einen Neuanfang zu finden, dachten sie. Es stellte sich nun heraus, daß sie beide in ihrer Jugend sozusagen „übrig geblieben" waren. Alle anderen Freunde hatten geheiratet. So beschlossen auch sie, den Bund der Ehe einzugehen, obwohl sie sich nie besonders gut verstanden hatten. Sie bekamen fünf Kinder und wurden über die Jahre eines jener Paare, die einander das Leben zur Hölle auf Erden machen. Hätten sie sich bewusst füreinander ent-

Ein friedvoller Abschied kann ein Neuanfang sein.

schieden – aus welchen Gründen auch immer, und sei es, weil niemand anderes da war – wären sie möglicherweise toleranter und liebevoller miteinander umgegangen. Doch in ihrer Generation heiratete man eben. Man dachte nicht lange nach, ob diese Ehe, die Ehe überhaupt, Sinn macht. Hatte man Glück, wurde sie gut, in der überwiegenden Anzahl der Fälle ertrug man sich – mehr oder weniger in Demut und Geduld. Das klingt heute absurd, meine Großmutter aber machte mir noch weiss, dass es die Aufgabe der Frau sei, das Kreuz einer unglücklichen Ehe zu tragen – und sie fügte hinzu, dass die unerfüllte Ehe die Regel sei.

Blieb man früher zusammen, weil sich trennen nicht infrage kam, so gehen heute häufig Beziehungen in die Brüche, ohne eine Chance bekommen zu haben.

DER SEELENPARTNER

Die Zahl der idealen Partnerschaften hat sich seit der Zeit unserer Großmütter, so scheint es, nicht erhöht, nur die Bereitschaft, einen unidealen Partner zu ertragen, ist auf ein Minimum zusammengeschrumpft. Wozu auch, denken wir. Vielleicht klappt es ja beim nächsten Mal. Vielleicht gibt es die tiefe lebenslange Bindun an einen Menschen sowieso nicht? Frauen sind unabhängiger, sie können wählen, wann und in welcher Partnerkonstellation sie wie viele Kinder bekommen wollen. Notfalls schaffen sie es auch alleine, die Kinder groß zu ziehen. Der Wandel des Familien- und Gesellschaftsbildes ist fundamental. Individualismus ist, ob wir es wollen oder nicht, zur bestimmenden Maxime unserer Kultur geworden. Deshalb glaube ich, brauchen wir „ideale Paare", Menschen, die sich „ebenbürtig und gleichermaßen emanzipiert in bindender Freiheit lieben können", wie es der holländische Sexexperte Bo Coolsaet so treffend formuliert hat. Oft haben sich Partner nicht bewusst füreinander entschieden, unterbewusst stand der Kinderwunsch im Vordergrund oder der Wunsch nach materieller Sicherheit. Oder die erste sprichwörtlich „blinde" Verliebtheit hat die Sicht auf eine klare Entscheidung verstellt. Nach ein paar Jahren wachen beide oder einer der Partner dann auf und wundern sich wie Rita Hayworth oder Richard Burton darüber, wie sie je auf den

Beziehunger

Gedanken kommen konnten, den anderen als das Wunder anzusehen, das man nicht verdient. Damit derlei nicht passiert, müssen Frauen und Männer zuerst herausfinden, wer sie selbst sind und was sie brauchen, um sich selbst leben und einen Partner lieben zu können. Nur dann können sie sich nämlich bewusst füreinander entscheiden. „Der Mensch ist, was er denkt. Was er denkt, strahlt er aus. Was er ausstrahlt, zieht er an" (so formulierte es ein unbekannter Dichter). Das ist keine Aufforderung zu grenzenlosem Egoismus, sondern dazu, aus der Beziehung zum Partner ein Projekt des inneren Wachstums zu machen. Denn wenn Verliebtheit in eine „ideale Liebe" mündet, so Coolsaet, „bietet sie beiden Partnern die Möglichkeit, sich selbst zu finden."

Auch in der Liebe und Partnerschaft sollten Sie den Bus selbst chauffieren.

Wenn ich Menschen in Liebesdingen berate, geht es mir deshalb erst in zweiter Linie um das berühmte Nachverhandeln, die Organisation des Alltags, die Bewältigung von Eifersucht oder das Nachlassen der sexuellen Leidenschaften – die klassischen Paartherapiethemen. Lieber möchte ich Sie auf eine Reise zu sich selbst und – hoffentlich – zu Ihrem Partner mitnehmen. Was steht auf Ihrer „inneren Landkarte"? Erinnern Sie sich noch an die Geschichte mit dem Bus? Auch in der Liebe und Partnerschaft sollten Sie den Bus selbst chauffieren. Wissen Sie nämlich, dass Sie selbstbestimmt m dem Richtigen, also ihrem „Seelenpartner" zusammen sind, werde sich die Alltagsprobleme nicht mehr wie Beweise für die Unmöglichkeit der Beziehung aufführen, sondern sich mit viel Kreativität und Freude lösen lassen.

TRANCEREISE ZUM SEELENPARTNER

Am besten lesen Sie sich diese Übung ein paar Mal durch und führen Sie dann so gut es geht aus, oder bitten Sie eine Ihnen nahe stehende Person, Sie zu führen:

Setzen oder legen Sie sich entspannt und bequem hin. Schließen Sie die Augen und entspannen Sie Ihren ganzen Körper. Lassen Sie alle Anspannung und den ganzen Alltagsstress los. Die Erde trägt Sie, vertrauen Sie Ihrem inneren Prozess.

Stellen Sie sich nun vor, Sie würden lächeln, und zwar von ganzem Herzen. Dann konzentrieren Sie sich auf Ihr Herz, Ihre Seele und stellen Sie sich eine Brücke von Ihrem Herzen zu Ihrem Bewusstsein vor. Diese Brücke wird es Ihnen ermöglichen, Ihr Herz und seine Botschaften zu verstehen. Anschließend stellen Sie sich Ihr Herz als Flamme vor. Welche Farbe hat sie? Flackert sie oder leuchtet sie ruhig vor sich hin? Nun schicken Sie Ihre Flamme auf die Reise. Sie

werden eine Landschaft, vielleicht das Meer, vielleicht aber auch bloß Farben und Schwingungen sehen, vielleicht auch bestimmte Klänge hören. Jetzt kann Ihre Flamme anderen Flammen begegnen, die auch bestimmte Farben, Klänge und Schwingungen haben. Eine Flamme wird darunter sein, die Sie durch ihre Schwingung anzieht. Sie gehört Ihrem Seelenpartner. Lassen Sie – in Liebe eingebettet – geschehen, dass sich Ihre Herzen auf der Ebene der Flammen begegnen, dass sie sich kennen lernen und Botschaften austauschen. Nach einiger Zeit verabschieden Sie sich von Ihrem Seelenpartner in dem Bewusstsein, dass Sie ihn aufgrund seiner Schwingung und Frequenz in der Realität wiedererkennen werden, wenn er Ihnen begegnet. Dann werden Sie sich von Ihrem Herzen leiten lassen. Lassen Sie zum Abschluss Ihre Flamme wieder zu sich zurückkehren und kommen Sie wieder in die Gegenwart zurück.

Eine wichtige Reise

Die Wirkung dieser Trancereise ist meistens groß, auch wenn Sie mit den Eindrücken, die Sie auf Ihrer Reise gewonnen haben, zuerst womöglich wenig anfangen können. Doch ich habe viele Men-

schen erlebt, für die diese Übung zur Initialzündung wurde, einen neuen Partner zu finden oder mit dem alten Partner neue Wege zu gehen. Eine Frau zum Beispiel wusste hinterher zum ersten Mal in ihrem Leben klar und deutlich, wer alles nicht infrage kommt und ersparte sich dadurch eine Menge Zeit und Ärger. Eine andere Frau begab sich auf die Trancereise, weil sie sich über ihre aktuelle Partnerschaft klar werden wollte. Sie erkannte, daß ihr Mann tatsächlich ihr Seelenpartner ist, und die Beziehung verbesserte sich schlagartig.

Trancereisen können Entscheidungen auslösen.

Bei manchen schafft diese Übung auch Klarheit darüber, dass sie sich von ihrem derzeitigen Partner trennen müssen. Auch das mag heilsam sein, denn viele Paare geben den anderen und sich selbst zu spät frei; erst dann, wenn schon aller Respekt füreinander verloren ist, erst nach der Zeit der Demütigungen und kleinen wie großen Zerstörungsaktionen.

Oft ist die Reise zum Seelenpartner ein langwieriger Prozess, überlagert von Ängsten, Mustern aus der Kindheit, dem Druck von außen oder der eigenen momentanen Lebenssituation, in die eine Partnerschaft gar nicht passen würde (siehe Kapitel: Glücklicher Single).

Ein Beispiel: Eine attraktive Frau mit einer steilen Karriere kam einmal zu mir. Sie war seit Jahren mit einem verheirateten Mann liiert. Eine Zeit lang ging das gut. Sie war mit dem zufrieden, was er geben konnte und dachte bei sich, dass er sich schon irgendwann einmal für sie entscheiden werde. Doch nach und nach begriff sie, daß seine Loyalität der Familie gegenüber zwar ein grundsätzlich positiver Charakterzug ist, sie in diesem Spiel jedoch immer nur die zweite Geige spielen würde. Mehr und mehr wurde ihr klar, dass ihre Gefühle bei ihm schlecht aufgehoben waren. Sie begann darüber nachzudenken, was sie eigentlich verband. Sie mochte seinen Duft, seine Attraktivität, mehr nicht. Also kam sie zu mir, um ihr Beziehungsleben auf neue Beine zu stellen. Alte Verhaltensmuster, Glaubenssätze und die Angst vor Nähe kamen ans Tageslicht. Immer hatte sie Beziehungen geführt, die keine Gefahr darstellten, einen Mann zu nahe an sich herankommen zu lassen. Enge Mann-Frau-Beziehungen führten nur dazu, dass der Mann die Frau dominiert, war ihre feste unbewusste Überzeugung. So hielten es schließlich auch ihre Eltern.

Die Sicht auf den Partner darf und muss sich sogar ändern im Laufe der Zeit.

In der gemeinsamen Arbeit entmachteten wir die alten Verhaltensmuster und Überzeugungen, vertrieben die Ängste und integrierten die inneren Widersprüche ihrer Persönlichkeit. So wurde eine freie, mit ihrem „Lebe dich selbst Prinzip" verbundene Entscheidung für einen Partner und Kinder trotz eigener Karriere erst möglich. Sie hatte zu einer neuen „Lebe dich selbst Formel" gefunden

Alt werden mit dem Seelenpartner

Statt oder zusätzlich zur Seelenpartner-Trance können Sie auch folgende Übung machen: Nehmen Sie sich ein paar Minuten Zeit, um sich Ihre Partnerschaft in allen Details vorzustellen. Wie ist Ihre Beziehung? Wie fühlt sie sich an? Sind Sie zufrieden? In welchen Bereichen nicht? Was mögen Sie an Ihrem Partner, was macht Ihnen zu schaffen? Stellen Sie sich jetzt die Frage, ob Sie sich wirklich vorstellen können, mit Ihrem Partner gemeinsam alt zu werden?

Nehmen Sie zuerst an, dass Sie sich ganz für Ihren Partner entschieden haben. Wie sieht dann Ihre Beziehung in fünf, zehn oder zwanzig Jahren aus und wie fühlen Sie sich damit. Anschließend spielen Sie die Gedankenübung noch einmal mit der Grundannahme durch, dass Sie daran zweifeln, mit Ihrem Partner wirklich alt werden zu wollen. Wie geht es Ihnen dann in fünf, in zehn, in zwanzig Jahren und wie fühlen Sie sich dabei?

Zum Abschluß vergleichen Sie diese beiden Vorstellungen.

Für welche werden Sie sich entscheiden? In welcher Situation leben Sie mehr sich selbst?

Glückwunsch! Sie wollen also mit Ihrem Partner alt werden, dann lesen sie sogleich weiter.

Der Alltag, der vorgehaltene Spiegel und eine Lustpille

„Es gibt kein Problem, das nicht auch ein Geschenk für dich in den Händen trüge. Du suchst Probleme, weil du ihre Geschenke brauchst", schreibt der Schriftsteller Richard Bach und liefert damit eines der wichtigsten Werkzeuge, um mit der so genannten

„Beziehungsarbeit" zu beginnen. Manche, vor allem Männer, nehmen allein bei diesem Wort schon einmal Reißaus. Zu Recht, denke ich, denn oft scheinen mir die modernen Beziehungen, die von einer ganzen Flut der Beziehungsarbeitsliteratur und Seminaren aller Art flankiert und gestützt werden, so unsinnlich und wenig der Liebe verschrieben, dass mir manches davon eher wie eine Mischung aus Masochismus und Sadismus vorkommt.

Verliebtheit verändert die Menschen – der Alltag auch – wo bleibt das wahre „ich"?

LIEBE UND ALLTAG – EIN ABSURDUM?

Ich will deshalb lieber gleich von den Geschenken sprechen, die der Partner und das Leben mit ihm für uns bereit hält: Gefürchtet ist beispielsweise der Alltag in Liebesdingen. Gäbe es die Abkühlung nach der Phase der romantischen Verliebtheit nicht, bräuchte es keine Beziehungsratgeber, Paartherapeuten – und die Scheidungs- und Trennungsrate wäre mit Sicherheit geringer. Wir vergessen, wie es einmal war, warum wir den heutigen Lebenspartner einmal als großes, einzigartiges Geschenk betrachtet haben. Wir waren von der Schicksalhaftigkeit unserer Begegnung überzeugt und bereit, ein gemeinsames Leben miteinander zu beginnen. Doch bald schon nervten die Schmatzgeräusche des Partners, seine herumliegenden Kleidungsstücke und dass er die Zahnpaste immer schräg ausquetscht. Wir merken gar nicht, wie sich alte Muster in unser neue

Leben hereinschleichen, wie ungebetene Gäste. Bisher unabhängige Frauen fangen an zu klammern und definieren sich nur noch über ihren Mann, werden eifersüchtig und nörgeln ohne Ende am anderen herum. Anfänglich emanzipierte, moderne Männer entpuppen sich beim zweiten Hinschauen als die gleichen an der weiblichen Seele uninteressierten Machos, die schon ihre Väter waren.

Wo ist die Lösung?

Probleme sind etwas Ernstes, Geschenke hingegen ihrer Natur nach spielerisch. Spielerisch mit einer Situation umgehen heißt, auch

immer zu sich selbst und dem Geschehen eine gesunde Distanz einzunehmen. Würden Sie als Vogel über Ihrem Beziehungsalltag kreisen und sich und Ihrem Partner dabei zusehen, wie Sie Ihre Liebe
mit den kleinen alltäglichen Sticheleien, der latenten Bereitschaft,
stets das Negative zu sehen und der Verbissenheit zweier Ringer im
Kampf um den Sieg langsam verbrauchen, würden Sie vielleicht den
Kopf schütteln.

Haben Sie aber erst einmal über den eigenen Tellerrand hinausge-
schaut, können Sie den Spieß umdrehen. Darum: Entfernen Sie die
Negativität aus Ihrer Beziehung!

IN DEN SCHUHEN DES ANDEREN GEHEN

Versuchen Sie einmal, in die Welt des anderen einzutauchen, den anderen mal auf völlig neue Art und Weise zu erleben!

Sie gehen mit Ihrem Partner eine halbe Stunde spazieren. Sie gehen hintereinander her. Jeder darf in dieser halben Stunde für eine Viertel-stunde vorne gehen.

Diejenige Person, die vorne geht, kann gehen oder laufen oder rennen, ganz wie sie will. Sie schaut wohin sie schauen will, bewegt sich so, wie sie sich normalerweise bewegt.

Die Person, die dahinter geht, hat die Aufgabe, alles genau so nachzumachen.

Sie macht die gleichen Bewegungen, schaut da hin wo die vordere Person hinschaut, erlebt den Spaziergang und die Umgebung so, als wenn sie die vordere Person wäre.

Nach 15 Minuten tauschen Sie die Rollen, jetzt geht die andere Person, die zuvor dahinter war voraus.

Danach können Sie sich austauschen über die erlebten Erfahrungen.

HOLEN SIE DIE VERLIEBTHEIT ZURÜCK

Diese Übung können Sie sehr leicht in Ihren Alltag einbauen, sie immer wieder einmal wie eine Vitaminkapsel im Winter verwenden.

Setzen Sie sich entspannt auf Ihr Sofa, legen Sie sich hin oder nehmen Sie ganz einfach eine Position in Ihrer Wohnung ein, in der Sie am besten entspannen können. Schließen Sie die Augen und erinnern Sie sich an die Zeit, als Sie Ihren Partner kennen gelernt haben. Was hat Sie an ihm am meisten fasziniert? Seine Augen, der Blick, seine Größe oder Art zu gehen? Mochten Sie seine Stimme oder seinen Geruch? Welche Sätze von damals haben Sie in Erinnerung? Waren Sie aufgeregt, wenn Sie mit ihm verabredet waren? Wie oft haben Sie sich davor umgezogen? Zwei Mal? Seien Sie ehrlich. Zehn Mal? Fühlten Sie sich schön, bezaubernd, geliebt? Was hat Ihnen damals die Ahnung von einer tiefen inneren Verbindung zu Ihrem Partner gegeben?

Lassen Sie alle Erinnerungen nun wieder wach werden und geben Sie sich fünf Minuten Zeit, sie zu genießen. Atmen Sie die „Schmetterlinge" tief ein.

„DIE EWIGE LIEBE" IST EINE „EWIGE ÜBUNG"

Diese vorausgegangene Übung hilft, spielerisch das Verliebtsein in den Liebesalltag zurückzuholen. Es muss nämlich nicht so sein, dass nach der überwältigenden Phase der Verliebtheit nur noch der graue Alltag lauert, wenn wir die Kunst zu lieben beherrschen. Ich kenne Paare, die sich noch nach Jahren Blicke voller Spannung, Interesse und verliebten Entzückens schenken, die trotz Kinder-Karriere-Hektik immer ein paar Tage im Jahr auf „Hochzeitsreise"

Beziehungen

gehen, denen man ansieht, dass sie miteinander innerlich gewachsen sind. Der Großvater einer Freundin empfing noch mit 80 Jahren seine Frau mit einem Blumenstrauß, wenn er sie einige Tage nicht gesehen hatte, und es gehörte zu den unumstößlichen Gewohnheiten dieses bis ins hohe Alter glücklichen Paares, am Morgen extra eine Stunde früher aufzuwachen, um die erste Stunde des Tages für das gemeinsame Gespräch zu nutzen.

Bedenken Sie bei allen Übungen: Wenn einer sich ändert, wird sich auch der andere ändern.

Statt auf diese oder eine ähnliche Weise Aufmerksamkeit zu üben, machen wir oft das, was der in Indien geborene Weisheitslehrer Anthony de Mello in der folgenden kleinen Geschichte erzählt. „'Warum sprichst Du ständig von meinen früher begangenen Fehlern', fragte der Ehemann. ‚Ich dachte, du hättest sie vergeben und vergessen'. ‚Ich habe tatsächlich vergeben und vergessen', antwortete die Ehefrau. ‚Aber ich möchte sicher sein, dass du nicht vergisst, dass ich vergeben und vergessen habe.'" Wir reiten ganz sprichwörtlich gesehen auf den Fehlern unseres Gegenübers herum, einmal, um ihn an die Fehler, ein anderes Mal um ihn an die Vergebung der Fehler zu erinnern. So aber halten wir die vermeintlichen Verfehlungen wach. Um wirkliche Veränderung zu bewirken müssen wir sie loslassen und uns anderen „Übungen" zuwenden. Etwa dieser hier:

Übung zum positiven Denken

Oft sage ich zu Paaren, die sich von mir beraten lassen wollen, oder auch zu Einzelpersonen, die wegen ihrer Partnerschaft kommen, erst einmal Folgendes: „Die Liebe muss groß sein, dass Sie wegen Ihrer Partnerschaft all die Mühe auf sich nehmen und hierher kommen." Dieser Satz hilft, positives Denken freizusetzen.

Das Gleiche gilt auch für Sie: „Die Liebe muss groß sein, wenn Sie sich entschlossen haben, etwas dafür zu tun."

Nehmen Sie nun ein Blatt Papier und einen Stift und schreiben Sie eine Liste aller positiven Eigenschaften Ihres Partners sowie alle positiven Elemente Ihrer Beziehung auf.

Legen Sie diese Liste irgendwohin und lassen Sie sich manchmal von ihr inspirieren. Damit programmieren Sie ihr Denken über Ihren Partner und Ihre Beziehung auf positive und liebevolle Gedanken um.

Der vorgehaltene Spiegel

Ein anderes, großes, oft aber nicht leicht zu akzeptierendes Geschenk einer Partnerschaft ist der „vorgehaltene Spiegel". Es ist nun einmal das Gesetz der Liebe, der Begegnung mit anderen Menschen, dass wir uns in ihnen widergespiegelt sehen. „Liebling", sagt eine Frau auf einer Party zu ihrem Mann, „trink lieber nicht mehr. Du siehst schon so verschwommen aus." So ist es oft, und da wir meist nicht alles an uns wahrhaben wollen, manche Eigenschaften lieber ganz ausblenden würden, spalten wir jene Teile von uns ab und übertragen sie auf unser Gegenüber. Wenn der Partner sie

Beziehunger

uns dann zurückspiegelt, können wir seine schlechten Eigenschaften nicht ausstehen und fühlen uns berechtigt, sie zu kritisieren. Dabei könnte der Partner gerade deshalb unser größter Lehrmeister sein. Die Gelegenheit, den Guru im eigenen Haus zu haben, sollten wir uns nicht entgehen lassen. Denn „wenn wir anderen Vorwürfe machen und sie kritisieren, drücken wir uns vor einer Wahrheit, die uns selbst betrifft", sagte de Mello knapp.

TIPPS ZUM RICHTIGEN STREITEN

1. Bestimmen Sie einen Ort oder eine bestimmte Situation, etwa gemeinsames Spazierengehen, für Diskussionen und Streits. Dadurch begrenzt man automatisch die Macht des Streites und verhindert, dass alle Lebensbereiche davon vergiftet werden.

2. Versuchen Sie, sich selbst aus der Vogelperspektive zu betrachten. Dann fragen Sie sich, ob Sie sich als Streithahn attraktiv, elegant und liebenswert finden. Wollen Sie so mit sich befreundet sein? Manchmal wirkt diese Sicht auf die Dinge so lösend, dass Sie lachen können und so einen Zugang zu anderen Verhaltensmöglichkeiten bekommen.

3. Versuchen Sie, nie im Streit einzuschlafen. Vertagen Sie den Konflikt lieber und machen Sie aus, zu einem anderen Zeitpunkt weiter darüber zu debattieren.

EINE LUSTPILLE?

Ist der Mensch monogam? Eine Frage, die im Trend liegt. Eher nicht, lautet meistens die Antwort, schon gar nicht der Mann, denn seine biologischen Voraussetzungen waren einmal dazu da, sein Erbgut möglichst oft und weit verstreut an seine Nachkommen weiterzugeben. Aber, so kontert die Front der emanzipierten Frauen, auch die Frauen seien nicht für die Monogamie erschaffen, mit wem hätten die Männer ansonsten ihre Affären? Trendthema der Frauenzeitschriften ist denn auch die Ermunterung zum fröhlichen Seitensprung ohne schlechtes Gewissen als heilsame, weil biologische Folge der doch nur scheinbar monogam angelegten Gattung Mensch. Untreue, so die Devise, muss doch nicht gleich zum Eklat führen, ein bisschen Freiheit erhält die Spannung in der Beziehung.

WIE WEIT GEHE ICH?

Tatsächlich ist auch dieser Bereich der Partnerschaft im Zeitalter der Individualität persönliche Verhandlungssache geworden und nicht oder kaum mehr von äußeren Regeln bestimmt. Das erfordert auch bei der Frage der Treue ein hohes Maß an Selbsterkenntnis. Wer bin ich und wie erlebe ich mich in meiner Sexualität? Oft ist das keine leicht zu beantwortende Frage. Die Sexualität ist wie ein Brennspiegel der eigenen Ängste, Sehnsüchte und Begierden. Sie kann ein Abbild unserer Liebe oder bloß der körperlich empfundenen Lust sein. Weil wir uns aber unentwegt auf der Suche nach der unverfälschten Ekstase, der totalen Vereinigung befinden, ist die Sexualität eine so machtvolle und wichtige Komponente unseres Lebens. Wirkliche Ekstase ist aber ein Produkt aus Sexualität und absoluter Liebe.

Die Sexualität ist wie ein Brennspiegel der eigenen Ängste, Sehnsüchte und Begierden.

Welche Art der Monogamie (Teil-, Schein- oder serielle Monogamie) Sie nun mit Ihrem Partner vereinbaren – tatsächlich muss das jedes Paar für sich herausfinden – Sie sollten das Ziel, Ihre gemeinsame Sexualität zur Ekstase weiterzuentwickeln, nicht außer Acht lassen.

ABENTEUER AUF DEM TRAPEZ

Die Grundvoraussetzung dafür ist, dass Sie sich auf Ihre Sexualität einlassen.

Machen Sie sich bewusst, dass die Qualität Ihrer Weiblichkeit völlig davon abhängt, wie Sie über sie denken. Geben Sie sich die Chance, ein Vollblutweib zu sein. Welche Tabus aus Ihrer Herkunftsfamilie spielen in ihrem Sexualleben noch eine Rolle? Für viele Frauen aus der Generation unserer Eltern war Sex etwas Unangenehmes, Peinliches, oft sogar bloß etwas Schmerzhaftes. Fragen Sie sich ehrlich, ob Sie frei von Tabus und Schuldgefühlen sind. Findet bei Ihnen Sex hinter verschlossenen Türen, im Dunkeln statt oder können Sie Ihren Partner frei und ohne Hemmungen lieben? Wie gut können Sie Ihren Köper leiden und was können Sie tun, um ihn noch lieber zu haben?

Machen Sie sich bewusst, dass die Qualität Ihrer Weiblichkeit völlig davon abhängt, wie Sie über sie denken.

Alle diese Fragen können tiefe innere Prozesse in Gang bringen, sie können zu wichtigen Veränderungen führen, sie sind aber manchmal auch langwierig und schwierig zu beantworten. Entweder ein Coach steht Ihnen dabei zur Seite, oder – im Idealfall – es ist Ihr Partner. Eine in aller Offenheit und in vollem Vertrauen gelebte Partnerschaft kann den Weg zur totalen Hingabe in der Liebe und somit zu einer höheren ekstatischen Erfahrung weisen. Denn „Liebe ist im Kern der Individualität eingefangenes ewiges Sein" (Deepak Chopra).

53

GLÜCKLICHER SINGLE?

„Verbringe jeden Tag eine bestimmte Zeit alleine" (Dalai Lama).
Alleine zu sein, macht den meisten Menschen Angst und doch ist es
die Grundverfassung des Menschen. Letztlich ist jeder alleine und
trotzdem fürchten sich praktisch alle Menschen vor der Einsamkeit.
Warum ich gerade im Zusammenhang mit Beziehung und Partnerschaft darauf zu sprechen komme, hat einen ganz bestimmten

Alleinsein ist ein innerer Zustand, und kein Charakteristikum des Familienstandes.

Grund. Ich erlebe immer wieder Menschen, die zu mir in die Beratung kommen, weil sie angeblich Beziehungsprobleme haben. Sie
klagen über dies und jenes, wundern sich, warum es mit ihrem
Partner nicht klappt oder sie noch immer nicht den passenden Mann
für sich und ihr Leben gefunden haben. Sie haben tausenderlei
Gründe, warum Beziehungen an sich heute so schwierig und im Besonderen bei ihnen unmöglich sind und leiden unter ihrem Alleinsein. Wenn ich sie dann aber frage, wo in ihrem Leben ein Partner
Platz haben würde, wissen sie oft keine Antwort, geben höchst
fadenscheinige Ausreden zum Besten, etwa, „dass sich das dann
schon finden würde, wenn nur der Richtige..."
Die meisten von uns sind darauf programmiert, einen Partner zu
haben, irgendeine Art von Beziehung zu führen und sei es nur, um
in der Gesellschaft ein regelmäßiges Sexualleben vorweisen zu
können. Deshalb erkennen sie oft nicht, dass sie im Grunde genom

men im Moment etwas anderes brauchen, um sich selbst zu leben. Vielleicht ist es eine Phase des Alleinseins? Einmal kam eine Frau zu mir, die sich schon vor einiger Zeit von ihrem Mann getrennt hatte. Nun zog sie die gemeinsame Tochter groß und steckte all ihre verbleibende Zeit in den Aufbau ihrer Karriere als Künstlerin. Doch sie war unzufrieden, weil sie noch immer keinen neuen

Lebenspartner gefunden hatte. Nachdem wir einige Zeit miteinander gearbeitet hatten, wirkte sie plötzlich gelöst und glücklich. Sie hatte erkannt, dass in ihre momentane Lebensphase kein Partner passen würde. Erstens wurde ihr klar, dass sie gar keine Zeit für ihn und den Aufbau einer ernsthaften Beziehung hätte, beziehungsweise sich zu nehmen bereit wäre. Zweitens – und noch viel wichtiger – erkannte sie, dass sie momentan gerade eben das Alleinsein brauchte wie ein Lebenselixier, das sie zu sich selbst führte.

Der Schriftsteller und Nobelpreisträger Joseph Brodsky, der nach einem halben Leben in Leningrad 1972 nach Amerika ins Exil ging, sagte über das Alleinsein und die Einsamkeit: „Einer ihrer Vorzüge ist es, dass man eine Menge Illusionen verliert. Nicht Illusionen hinsichtlich der Welt, sondern Illusionen in Bezug auf sich selbst.

Man muss nicht alleinsein, aber man sollte mit sich selbst allein sein können.

Man scheidet bei sich die Spreu vom Weizen. Ich hatte nie eine klarere Vorstellung von mir als jene, die ich erhielt, als ich in die USA ging – in die Vereinzelung. Ich schätze die Vorstellung von der Isolation. Ich schätze ihre Realität. Man erkennt darin, was man ist."

Gewiss haben Künstler ein stärkeres Bedürfnis nach Einsamkeit. Doch Kraft und Selbsterkenntnis könnten viele ganz unterschiedliche Menschen aus diesem Daseinszustand schöpfen, wenn sie aufhören gegen ihre Einsamkeit anzukämpfen. Alleinsein stärkt und gibt ihnen die Möglichkeit, auf sich selbst zu hören. Und: Sich selbst zu finden, ist ja – wie im vorangegangenen Kapitel hinlänglich erörtert – die Grundvoraussetzung für eine „ideale" Partnerschaft. Ich habe oft erlebt, dass Menschen durch die gemeinsame Coachingarbeit erst einmal den Wert des Alleinseins für sich erkannten, diese Lebensphase gut nützten und dann erst, im Bewusstsein, welche Vorteile ihres Single-Lebens sie zugunsten einer Beziehung aufgeben würden müssen, eine glückliche Partnerschaft gefunden haben.

Mit sich allein sein zu können ist eine Kunst, die man in manchen Abschnitten des Lebens beherrschen sollte.

Natürlich ziehen sich viele Menschen auch einfach in ihr Schneckenhaus zurück, weil sie schüchtern sind oder unter einem mangelnden Selbstvertrauen leiden. Diese Art des Alleinseins ist hier natürlich nicht gemeint, auch wenn alle, die sich auf das Abenteuer der Einsamkeit einlassen, das Gefühl der Ohnmacht kennen lernen werden. Sich klein und unwichtig vorkommen, gehört einfach dazu, wenn man sich aus der Welt der allseitigen Bestätigungen zurückzieht. Doch Achtung: Alleinsein bedeutet nicht, sich zu verstecken, ganz im Gegenteil, es bedeutet Wachstum. Verstecken bedeutet hingegen Stagnation. Das wird kaum treffender beschrieben als in dem leicht makaberen Witz: „Wer hat beim Versteckspiel gewonnen? Derjenige, der nach Jahren als Skelett im Busch entdeckt wurde."

KINDER IN LIEBE BEGLEITEN

Kennen Sie einen erwachsenen Menschen, der so selig ist wie ein einjähriges, zufrieden zwischen seinen Spielsachen sitzendes Baby? Der so versunken und eins mit der Welt ist, dass ihn kein Geräusch aus seiner Konzentration herauszureißen vermag? Ich kenne nur wenige Erwachsene mit einem derart hohen Bewusstseinszustand. Babys hingegen sind oft so hundertprozentig und selbstvergessen bei der Sache, dass ihnen die Spucke aus dem entspannt geöffneten Mund läuft, ohne dass sie sich auch nur im Geringsten davon stören lassen. Noch als Kinder leben sie noch lange im Augenblick und verkörpern eine Vitalität und Kraft wie sie nur denen zu Eigen ist, die sich selbst leben.

Kinder leben

noch intuitiv.

Es wäre vermessen und würde den Rahmen dieses Buches sprengen, wenn ich Ihnen in diesem Kapitel einen ausgefeilten Erziehungsratgeber anbieten würde. Ich will nur einen Bewusstseinsprozess in Gang bringen. Denn vieles von dem, was zum „Lebe dich selbst Prinzip" gehört, leben Kinder ganz automatisch – freilich bevor sie von uns Erwachsenen er-, beziehungsweise verzogen werden. Mir geht es also darum, Ihre Sinne so zu schärfen, dass Sie Ihre Kinder begleiten, ohne dass Sie verlernen, sich selbst zu sein und ohne dass Sie sich später in endlosen Persönlichkeitsseminaren wiederfinden müssen. Und es geht darum, durch das Leben mi

INNERLICH ZUR RUHE KOMMEN

Lesen Sie diese Entspannungsübung erst in Ruhe durch. Setzen Sie sich bequem hin und nehmen Sie Ihre natürliche Atmung wahr. Atmen Sie bewusst ein und aus.

1. Beim Einatmen denken Sie an die Sonne, und beim Ausatmen sagen Sie sich die Worte „hell" und „warm". Während Sie immer weiter machen, bemerken Sie gleichzeitig, wie die Wärme und das Licht sich in jeder Zelle Ihres Körpers ausbreitet.

2. Beim Einatmen denken Sie an Blumen – beim Ausatmen sagen Sie sich die Worte „strahlend" und „frisch" vor. Während Sie das in Ihrem Rhythmus immer weitermachen, können Sie spüren, wie überall im Körper sich diese Frische ausbreitet bis in Ihre Zehenspitzen.

3. Beim Einatmen denken Sie an „Baum" und beim Ausatmen „fest" und „sicher". Und während das Ganze automatisch passiert, können Sie Ihre Wurzeln spüren wie ein Baum. Vielleicht ganz dicke oder dünne, vielleicht weit verzweigte Wurzeln, vielleicht ganz tief in die Erde hinein. Und Sie atmen die Rinde und die Zweige – Sie sind ganz Baum. Einfach sein wie ein Baum. Nichts tun, nur atmen.

4. Beim Einatmen denken Sie an „See" und beim Ausatmen „ruhig" und „tief". Und tiefer und tiefer atmen Sie in Ihre Mitte. Lassen sich hineinsinken in Ihren Atem. Mit jedem Ausatmen werden Sie ruhiger und ruhiger, bis alle Zellen, Ihre Gedanken und Ihr Geist still und ruhig fließen. Atmen Sie solange weiter, wie Sie möchten und es Ihnen gut tut.

5. In diesem Zustand können Sie wieder ins Hier und Jetzt zurückkehren, indem Sie sich recken und strecken. Vielleicht kommen Ihnen neue Ideen, Gedanken und Möglichkeiten in Bezug auf Ihre Kinder, die Ihnen bisher nicht zur Verfügung standen.

Diese Entspannung können Sie immer machen, wenn die Hektik und Unruhe des Alltags Sie überfordert und ungeduldig mit Ihrem Kind werden lässt.

Kindern selbst etwas für das eigene „Lebe dich selbst Prinzip" zu lernen. Eigentlich ist das nicht schwer, denn wir bräuchten nur genauer hinzuschauen, wenn unsere Kinder vorführen, wie man die Welt erobert, wie man sich nicht darum schert, wehrlos und verletzlich zu sein, wie man sich staunend, spielerisch und doch mit einer Ernsthaftigkeit, die jedem erwachsenen Forscher zur Ehre gereichen würde, seiner Aufgabe hingibt.

Kinder sind Vorbilder an Ausdauer, Hingabe und Selbstvergessenheit.

ERZIEHUNG HAT MAN NICHT GELERNT
UND KINDER MACHEN ARBEIT

Natürlich gibt es auch in der Beziehung zu Kindern die ganze Palette alltäglicher Probleme. Viele Eltern sind verunsichert, weil in jedem Erziehungsratgeber etwas anderes steht und die eigene Mutter oft auch nicht als Vorbild taugt. Vor allem aber verursacht das Leben mit Kindern eine ganze Menge Arbeit, Stress und Organisationstalent. Jede Mutter, um so mehr wenn sie überdies noch berufstätig und/oder allein erziehend ist, kann ein Lied davon singen, was passiert, wenn auch nur ein Mosaiksteinchen des kunstvoll zusammengebauten Gebildes, welches das Leben mit Kindern nun einmal ist, ausfällt. Das Kind wird krank, und statt bei einem wichtigen Vorstellungsgespräch findet man sich beim Kinderarzt oder im Krankenhaus wieder, der Babysitter sagt ab und die teuren

Theaterkarten wandern in den Mülleimer, ein Arbeitsprojekt muß durchgepeitscht werden, und schon leidet darunter der Schulerfolg des Kindes. Eine Familie ist ein überaus sensibles System, in dem alle Teile miteinander korrespondieren. Bestes Beispiel dafür: Bekommt ein Kind Mumps, haben es im Nu alle Geschwister und auch das Baby, und zum Schluss fällt auch noch die Mutter erschöpft und mit Angina ins Bett.

Beziehunger

Ein Kind liebevoll zu begleiten ist eine Aufgabe, für die mindestens zwei, wenn nicht drei Personen nötig sind. Das machen wir uns oft nicht bewusst. Wir unterschätzen die Bedürfnisse eines Kindes, die Bedürfnisse nach Zuwendung, Anregung, Sorge um das physische Wohl und – vor allem – nach permanenter Verfügbarkeit. Das heißt nicht, daß Frauen nicht auch berufstätig sein sollen oder können. Es heißt bloß, dass man sich die kindlichen Bedürfnisse vergegenwärtigen und überlegen muss, wer sie wann am besten erfüllen kann. Auch mit Kindern zu leben ist ein Tanz auf dem Trapez, bei dem es darauf ankommt, selbst eine exzellente Performance zu bieten.

Kinder reagieren seismografisch auf jede noch so kleine Veränderung.

RESSOURCEN WECKEN

Mit welchen Energien wollen Sie Ihrem Kind begegnen? Gab es Situationen in der Vergangenheit, in denen Sie sich in Ihrer Beziehung zu Ihrem Kind richtig wohl gefühlt haben? Was strahlten Sie damals aus? Ruhe und Zufriedenheit? Liebe und Vertrauen in Ihr Kind? Oder gar Fröhlichkeit und tief empfundenes Glück? Erinnern Sie sich nun an mindestens drei Situationen, die diese Qualitäten aufwiesen. Wie war die Atmosphäre damals? Was war anders als heute? An was haben Sie damals geglaubt? Wie haben Sie damals mit Ihrem Kind geredet (laut, leise, schnell, langsam)? Wie haben Sie sich bewegt?

Was haben Sie von Ihrer Umgebung wahrgenommen? Wie hat es geduftet? (Düfte, so der amerikanische Hypnosetherapeut Milton Erickson, sind wie ein Eilzug in die Vergangenheit, denn sie werden vom Bewusstsein nicht zensiert. Sie gehen direkt ins Unbewusste und lösen noch nach Jahren bestimmte Gefühle aus.)
Mit dem durch die drei Situationen aktivierten Gefühl stellen Sie sich nun vor, Ihrem Kind zu begegnen. Was wird sich an Ihrer Beziehung dadurch verändert haben? Stellen Sie sich drei typische Situationen vor und wie Sie nun anders reagieren könnten als zuvor.

Denn wirklich verbessern kann ich meine Beziehungen nur durch die Arbeit an mir selbst. Begegnen Sie Ihrem Kind mit der maximalen Energie und Kraft, die Sie ihm momentan schenken wollen und können. Es wird die Qualität Ihrer Beziehung bestimmt verbessern. Eine Hilfe dafür ist folgende Übung, bei der Sie sich überlegen, welche Eigenschaften Sie im Umgang mit Ihrem Kind am meisten brauchen.

Kinder haben eine stark ausgeprägte Fähigkeit, im Hier und Jetzt zu leben. Ich kenne ein fünfjähriges Mädchen, das höchst ungern mit seiner Mutter telefonierte, wenn diese verreist war. Nicht weil sie böse auf die Mutter war und sie durch Liebesentzug strafen wollte – so würden manche die Situation interpretieren.

Bei diesem Mädchen war es bestimmt nicht so, denn kaum war die Mutter wieder da, sprang sie auf ihren Arm und redete wie ein Wasserfall auf sie ein. Für sie war die Sache ganz einfach: Wer nicht da ist, ist einfach nicht da. Von virtueller Telefonpräsenz hielt die kleine Dame noch etliche Jahre nicht viel. Vorausgesetzt natürlich, es wurde während der Abwesenheit der Mutter gut für sie gesorgt. Das Beispiel zeigt, wie wichtig für Kinder jeder gelungene Augenblick eines Tages ist.

Gute Erziehung bedeutet oft „unbewusste" oder nur schwer als solche festzumachende Erziehung. Sie besteht darin, dem Tag eine gewisse Struktur zu verleihen, die Schützlinge durch die Klippen und Freuden des Lebens zu geleiten ohne dass sie es merken und durch tausend kleine Sätze und Gesten aus jeder Stunde einen erfolgreichen Welteroberungsfeldzug zu machen. Erziehung ist in erster Linie eine Schule der Wahrnehmung. Dazu gibt es natürlich zahlreiche Übungen. Besonders effektvoll und einfach ist diese hier.

DAS GLÜCK VERMEHREN

Finden Sie jeden Tag etwas, das Sie glücklich macht, das Ihnen wirklich Freude bereitet und Sie erfüllt. Einen schönen Augenblick, eine gute Nachricht, die Begegnung mit einem lieben Menschen oder auch nur eine Blume, ein kleine Glückssituation. Zeigen Sie sie Ihrem Kind, denn Ihr Glück wird ansteckend wirken. Wenn Sie sich glückvolle Minuten gönnen, wird sie auch ihr Kind erleben, wenn Sie sich selbst lieben und annehmen können, wird sich die Liebe automatisch ausbreiten. UND: Lassen Sie sich Ihrerseits von Ihrem Kind anstecken, mindestens einmal am Tag. Von seiner Fröhlichkeit, seiner Liebe, seinen wunderbaren Kindersätzen, von seinen urkomischen und doch so ernsten Welterklärungsversuchen und von seiner Energie.

Manchmal ist es schwierig, an ein Kind heranzukommen. Wenn es noch sehr klein ist, kann es seine Gefühle noch nicht erklären oder in Worte fassen, und wenn es groß genug dazu wäre, will es die Erwachsenen oft nicht mehr an seinen inneren Prozessen teilhaben lassen.

Vielleicht ist die Beziehung nicht mehr so ungetrübt, Familienkrisen, Auseinandersetzungen oder Streit belasten das Miteinander. Manchmal entgleiten den Eltern ihre Kinder auch vollkommen. Was immer die Gründe dafür sein mögen, meist fühlen sich die Kinder nicht angenommen, nur ungenügend wahrgenommen oder sie leiden unter der wenigen Zeit, die ihre Eltern mit ihrem vollgestopften Leben noch für sie übrig haben. Statt ihre wirklichen Bedürfnisse auszusprechen, entwickeln die Kinder Verweigerungsstrategien und Verhaltensauffälligkeiten. Lernschwierigkeiten, Aggression, Drogen sind oft der Endpunkt einer Entwicklung, die schon viel früher begonnen hat.

Spiele und Zeichnungen sagen oft mehr über das Seelenleben Ihres Kindes aus als das, was es Ihnen erzählt.

Damit gravierende Probleme gar nicht erst entstehen, sollte man immer versuchen an den momentanen Gefühlszustand des Kindes heranzukommen und sich in der liebevollen Wahrnehmung seiner Sehnsüchte oder Probleme zu schulen. Besser als sein Kind auszufragen, sind Rollenspiele oder das kreative Erzählen von Geschichten.

Wenn Ihr Kind im Kindergarten unglücklich ist, könnten Sie einfach eine typische Kindergartensituation mit Puppen oder Kuscheltieren nachspielen. Dabei werden Sie schnell erfahren, mit wem das Kind Probleme hat und warum es sich im Kindergarten nicht wohl fühlt.

Um zu neuen Lösungen bei Problemen zu kommen, können Sie auch eine Geschichte erfinden.

Man kann die Übung auch umgekehrt machen. Dann sucht sich die Mutter fünf Symbole aus und das Kind erfindet eine Geschichte.

Oder man spielt das kreative Geschichtenerzählen mit mehreren Erwachsenen und mehreren Kindern zusammen. Das kann so ansteckend sein, dass die Begeisterung nicht mehr zu bremsen ist.

GESCHICHTEN ERZÄHLEN

Lassen Sie sich von Ihrem Kind vier bis sechs Symbole (Haus, Meer, Banane...) nennen. Dann überlegen Sie (eventuell mit Ihrem Kind gemeinsam), was es zur Zeit am meisten braucht: einen Freund, Konzentration, Ruhe, Geborgenheit, Abenteuer oder Ideen – jeweils in seiner Sprache formuliert.

Dann beginnen Sie eine Geschichte rund um die Symbole zu erfinden. Was das Kind momentan braucht oder nicht hat, bildet den Ausgangspunkt der Geschichte, dann ereignet sich etwas (Spannungsbogen) und zum Schluss gibt es eine Lösung für das Problem, das Kind bekommt, was es innerlich braucht. Etwa so: Es war einmal ein Bär, der sehr traurig war. Er wusste nicht, was er spielen sollte, alles erschien ihm langweilig. Da fand er plötzlich ein Mobiltelefon und begann damit zu spielen.

Plötzlich hörte er eine Stimme aus dem Apparat, die ihn fragte, was er wolle. Ihm wäre langweilig, meinte der kleine Bär. Da sagte die Stimme, er soll doch einmal vorbeikommen, um sich ein paar Ideen abzuholen. Und so kam es, dass der Bär in den Bus stieg und ins Dorf fuhr, neue Freunde fand ... Am Ende kehrte der Bär von seinen Abenteuern voll neuer Ideen in seinen Wald zurück, und seitdem war es ihm nie mehr langweilig.

Geschichten zu erfinden hilft auf vielen unterschiedlichen Ebenen, es kann die Beziehungen aller Beteiligten neu definieren, Wahrnehmungsprozesse fördern und neue Lösungen für Probleme und Konflikte bringen.

Beziehunger

FREUNDE SIND EINE GUTE MEDIZIN

Bestimmt haben Sie schon folgende Situationen erlebt: Sie durchlaufen eine schwierige Lebensphase, sind von inneren Zweifeln un mangelnder Zuversicht erfüllt. Sie schleppen sich durch den Tag, erledigen ihre Aufgaben mechanisch und werden von Problemen überhäuft. Mit Ihrem Partner läuft es auch nicht so prächtig, kurz

Sie fühlen sich von der ganzen Welt im Stich gelassen. Da läutet plötzlich das Telephon und Ihre beste Freundin ist dran. „Ich wollt' bloß hören, wie es dir geht", beginnt sie das Gespräch. „...weil ich dachte, es wäre Zeit, dich anzurufen", schiebt sie vorsichtig nach und signalisiert, dass sie sich jede Zeit der Welt für dieses Gespräch nehmen wird. Nach zwei Stunden haben Sie heiße Ohren und eine entlastete Seele und fühlen sich mit einigen guten Ratschlägen versehen schon wieder viel, viel besser. Oder: Ein Schicksalsschlag trifft Sie, doch Sie wollen niemanden damit belasten und ziehen die Sache alleine durch. Plötzlich stehen vier gute Freunde vor Ihrer Tür, die auf Umwegen von Ihrem Leid erfahren haben. Sie bringen Blumen, kochen Tee, gehen frisches Obst – „gut für die Nerven" – und Schokolade – „Glückshormone" – einkaufen und können gar nicht verstehen, warum sie nur die fröhlichen Lebensphasen mit Ihnen teilen sollen.

Freundschaften müssen gepflegt werden, um sie in Schicksalszeiten auch „strapazieren" zu dürfen.

Freunde zu haben ist ein Glück. Manche kennt man schon länger und besser als den eigenen Seelenpartner, manche sieht man nur einmal im Jahr und doch ist es so, als würde man täglich mit ihnen zusammen sein. Manchmal findet man auch neue Freunde, die sich schon bald in die Riege der alten guten Freundschaften einreihen, mit denen man bereits durch Dick und Dünn gegangen ist. Freunde geben Sicherheit, sie bilden das Netz, ohne das das Leben auf

Beziehungen

dieser Welt ziemlich kalt wäre. Freunde helfen, Perspektiven zu erweitern, und manchmal kann man sogar die Kritik eines guten Freundes ertragen und annehmen. Jeder Mensch entwickelt im Laufe der Zeit Strategien, um Freundschaften zu schließen. Man-

chen fällt es leicht, sie sind von Haus aus kontaktfreudig, genießen

es, auf andere Menschen zuzugehen und einen großen Freundes-

kreis zu pflegen. Andere wiederum tun sich schwerer. Vielleicht

wurden sie in der Vergangenheit von angeblichen Freunden ent-

täuscht, vielleicht haben sie zu hohe Ansprüche an eine Freund-

schaft oder sie sind für tiefergehende freundschaftliche Beziehun-

gen einfach zu verschlossen. Welche Art von Freundschaften und

wie viele Freunde jemand bewältigen will und kann, ist sehr unter-

schiedlich und kann sich je nach Lebensphase auch verändern.

Manchen, meistens Männern, reicht eine Reihe eher oberfläch-

licher Bekanntschaften. Die Idee, einem Freund von den innersten

Seelennöten zu berichten, kommt ihnen abwegig vor. Eine Frau

wiederum hatte plötzlich das Gefühl, den oberflächlichen Smalltalk

bei Festen und anderen gesellschaftlichen Veranstaltungen nicht

mehr ertragen zu können. Sie sehnte sich nach tieferen Freund-

schaften. Das brachte sie schließlich dazu, ihre unverbindlichen

Bekanntschaften nicht mehr zu pflegen oder sie – so das möglich

war – in intensivere Freundschaften umzuwandeln. Manchmal muss

man sich auch von bisherigen Freunden innerlich verabschieden

und Platz für neue Begegnungen schaffen.

Machen Sie sich bewusst, welchen Raum Freunde in Ihrem Leben

einnehmen. Brauchen Sie für jedes Bedürfnis einen eigenen Freund

Machen Sie sich bewusst, welchen Raum Freunde in Ihrem Leben einnehmen.

oder eher zwei bis drei richtige Seelenkumpels, die in jeder Lage für Sie da sind? Wollen Sie einen großen oder einen überschaubaren Freundeskreis? Befriedigt Sie die Qualität Ihrer Freundschaften oder wollen Sie etwas daran verändern? Wie viel Zeit wollen Sie in Ihre Freundschaften investieren? Wollen Sie neue Freunde kennen lernen und warum gelingt es Ihnen nicht? Haben Sie und Ihr Partner gemeinsame Freunde? Wenn Sie das Gefühl haben, mit Ihrer Familie, Ihrer Arbeit schon genug um die Ohren und deshalb keine Zeit für Freundschaften zu haben, sollten Sie sich auch das bewusst machen. Oft erlebe ich Menschen, die sich dann später darüber beklagen, dass sie so alleine sind, obwohl sie nicht bereit waren, früher etwas daran zu ändern.

Bewusst Freunde gewinnen

Wollen Sie neue Freunde finden, so suchen Sie bewusst im Alltag nach Menschen, die so mit ihren Freunden umgehen, wie Sie es sich für sich selbst vorstellen können. Versuchen Sie ganz bewusst von Menschen zu lernen, die gute Strategien haben, um Menschen kennenzulernen. Fragen Sie, wie sie es anstellen, wie sie mit schwierigen Freundschaften umgehen und probieren Sie neue Strategien in Ihrem Leben einfach aus.

Lassen Sie sich erzählen, wie die Freundschaften entstanden sind, hören Sie gut zu, wenn Sie über Freundschaft anderer Personen etwas hören – immer ist auch etwas dabei, was sich im eigenen Freundeskreis anwenden und verwirklichen lässt.

Wichtigste Voraussetzung für das Arbeiten heute sind

Flexibilität und Abschied von alten Werten. Die

Arbeitnehmer der Zukunft können und sollen ihren

Arbeitsplatz selbst gestalten und übernehmen damit

auch eigene Verantwortung für ihr Tun und Handeln.

EIN ERFOLGREICHES
LEBENSGE

BAUEN

EIN ERFOLGREICHES LEBENSGERÜST

Ich habe einen sehr einfachen Geschmack: für mich ist das Beste gerade gut genug. (Oskar Wilde)

Wer heute einen Beruf erlernt, wird ihn sehr wahrscheinlich nicht bis an sein Lebensende ausüben. Oft ist Arbeitslosigkeit familien-/kinderbedingt. Berufswechsel ist notwendig und Brüche in der Biographie sind kein Hindernis mehr, um wieder neu anzufangen.

Der amerikanische Soziologe Fritjof Bergman hat als erster den Begriff „New Work" verwendet und kam bei seiner Analyse der Entwicklung der Arbeitsgesellschaft zum radikalen Schluß, dass zukünftige Generationen ihre Arbeitsplätze nicht mehr „gestellt" bekommen werden, sondern selbst dafür sorgen werden müssen, dass sie überhaupt entstehen. Das heißt, die Arbeitnehmer der Zukunft werden nicht nur für ihre Ausbildung verantwortlich sein, sondern sie müssen darüber hinaus auch noch die Nachfrage nach bestimmten Produkten und Dienstleistungen am Arbeitsmarkt erforschen und ihren zukünftigen Arbeitsplatz danach selbst kreieren. Zugegeben eine ziemlich abgefahrene Vorstellung, die mich immer an sich selbst perpetuierende Maschinen erinnert.

In Teilen entspricht dies aber schon jetzt der Realität. Die Vorstellung, durch eine bestimmte Ausbildung für einen spezifischen Beruf bestimmt zu sein und über die Jahre die Karriereleiter von Position zu Position hinaufzusteigen, bis man schließlich in den wohlverdienten Ruhestand tritt, gehört immer mehr der Vergangenheit an. Schon heute klingen Arbeitsbiographien ganz anders. Quereinsteigen und umsteigen, lebenslanges Lernen, Zweit- und Drittjobs

Ein erfolgreiches Lebensgerüst

Auszeiten und Umbrüche, Phasen mit wenig Geld und solche mit Wohlstand, mit viel Arbeit und viel Muße wechseln einander ab. „Umwege werden für die Karriere selbstverständlich, nötig, existentiell", analysiert Trendforscher Matthias Horx. Die Gründe für diesen fundamentalen Wandel sind vielfältig: Rationalisierung,

Beruf

globaler Markt und die Umwandlung der Welt von der Industrie- zur Ideen- und Informationsgesellschaft sind nur ein paar Stichworte. In unserem Zusammenhang erscheint vorerst einmal die Tatsache wichtig, dass die moderne Ökonomie ganz wesentlich davon lebt, dass ihre Teilnehmer sich selbst und ihre Arbeitsplätze erfinden. Bester Beweis dafür ist der Boom der Selbstständigen. „Lebe dich selbst" war in der Arbeitswelt noch nie so gefragt und noch nie so Erfolg versprechend. Zum Beispiel könnte ein beruflicher Werdegang so aussehen: Britta zeichnete schon als Kind gut, machte dann aber eine Ausbildung zur Handelskauffrau, arbeitete zwei Jahre in der Buchhaltung einer Möbelfirma, setzte vier Jahre wegen der Kinder aus, machte einen Weiterbildungskurs in Webdesign und wurde Partnerin in einer dot.com-Firma. Als das Unternehmen in Konkurs ging, eröffnete Britta einen eigenen Blumenladen und machte ihn zur ersten Adresse der Stadt. Für so eine Karriere braucht man mehr oder andere Qualifikationen als bloß fachliches Know-how. Gefragt sind soziale Kompetenzen, Flexibilität, Selbstverantwortung und vor allem Kreativität. Anders gesagt, die Arbeitsbiographien der Zukunft verlangen den ganzen Menschen.

Die Chancen auf Arbeit muss man erkennen und ergreifen lernen.

Sich selbst vor der Türe zu lassen, während man seiner Arbeit nachgeht, funktioniert immer weniger. Selbst herkömmliche Industriebetriebe fordern persönliches Engagement, Teamfähigkeit, Artikulationsfähigkeit und eine „integrierte" Persönlichkeit.

Die schöne neue Arbeitswelt hat auch ihre Schattenseiten, vor allem schafft sie Unsicherheit. Doch – wie immer – sind die Chancen groß. Dieses Mal, so scheint es, könnten gerade die Frauen davon profitieren. Sie brauchen Karrieren, die sich individuell zuschneidern lassen, flexible Arbeitszeiten, unterschiedliche Berufsphasen und die Möglichkeit, ihren Beruf auch von zu Hause aus betreiben zu können, ohne zu Dumpingpreisen als Arbeitssklavinnen zu enden. Trotz aller erreichten weiblichen Emanzipation erleben vor allem die Mütter nach wie vor einen Karriereknick, wenn sie sich um ihren Nachwuchs kümmern wollen. Außerdem bringen Frauen viele der „neuen" Qualifikationen als „typisch weibliche Fähigkeiten" schon von sich aus mit. Unternehmen warten nun auf das Heil, das weibliche Führungskräfte in die männlich dominierte Welt der Vorstandsetagen bringen, und viele Frauen nützen den Boom der Selbstständigen und schaffen sich ihr eigenes, auf ihre persönlichen Fähigkeiten und Wünsche zugeschnittenes Unternehmen. Lebe dich selbst und erfinde deine Aufgabe lautet die Erfolgsdevise der Zukunft.

Berufliche Aufgaben stellen sich nicht nur von selbst – Eigeninitiative ist sinnvoller denn je.

WOHIN WILL ICH?

„Wenn man sich richtig einsetzt, gerät die Vorsehung in Bewegung" heißt ein buddhistischer Ausspruch. Sie müssten – nichts anderes steckt hinter dieser Aussage – nicht mehr tun, als sich selbst zu leben und sich in ihrer Arbeit verwirklichen, um in der Welt erfolgreich zu sein. Nichts einfacher als das, könnte man meinen. Doch wer weiß schon, wo er beruflich hin will? Wer beherrscht schon die Kunst, sich selbst zu verwirklichen? Wem brennt die ureigenste Aufgabe schon so unter den Fingernägeln, dass er gar nicht ander kann als zu malen, zu musizieren, zu schreiben oder zu forschen?

Doch nicht nur das. Die Vision von der eigenen „inneren" Aufgabe war oft auch nicht der Grund für die Berufswahl. Andere Kriterien waren ausschlaggebend, etwa ob der Beruf am Arbeitsmarkt gefragt ist, wie die Verdienst- und Aufstiegschancen sein werden oder welchen Prestige er im gesellschaftlichem Umfeld genießt und ob er in der Familie eine Tradition hat oder nicht. Auch solche Beweggründe führen manchmal zum richtigen Job. Viele Menschen landen so aber bei kompromisshaften Lösungen, die sie schließlich am eigenen Erfolg und inneren Glück hindern. Denn die Zeit, die jeder von uns seinen beruflichen Aktivitäten widmet, ist zu schade für Kompromisse.

Wem brennt die ureigenste Aufgabe schon so unter den Fingernägeln, dass er gar nicht anders kann als zu malen, zu musizieren, zu schreiben oder zu forschen?

Keine Tätigkeit nimmt beim erwachsenen Menschen mehr Zeit in Anspruch, fordert mehr von seinem Leben, seinen Kräften, seiner Energie, als die Arbeit. Auch das verdiente Geld kann nicht die allein entscheidende Motivation für etwas sein, das unseren ganz persönlichen Einsatz fordert. Und gerade die Bedingungen der neuen Arbeitswelt verlangen, wie wir gesehen haben, volles persönliches Engagement, ja Hingabe an die Aufgabe.

Was das bedeutet, kann man an Künstlerbiographien oder den Lebensgeschichten berühmter Menschen feststellen. Die wenigsten sind über Nacht zu Stars geworden, aber sie haben an ihre „innere" Aufgabe geglaubt. Michael Jackson hat mit fünf Jahren vor Publi-

Beruf

kum zu tanzen und zu singen begonnen und war immer überzeugt, sein „Ding" gefunden zu haben. Jane Rowling, die Schöpferin von Harry Potter, ist nicht über Nacht zur erfolgreichsten Autorin der Welt geworden, sondern sie hat schon als kleines Kind allen, die ihr über den Weg liefen, Fantasy-Geschichten vorgetragen. Doch erst als sie nach vielen Umwegen gelernt hatte, an sich selbst zu glauben und ihrem inneren Auftrag, dem Schreiben, den Wert zu geben, der ihrem Talent entsprach, hatte sie wirklich Erfolg. „Alle Menschen haben das gleiche Potenzial an Energie. Der Durchschnittsmensch verschwendet die seine an ein Dutzend Kleinigkeiten", sagte der damals schon weltberühmte Pablo Picasso zu seiner Lebensgefährtin Françoise Gilot. „Ich verschwende die meine auf eine einzige Sache: meine Malerei. Alles andere wird ihr geopfert – du und jeder andere – einschließlich meiner selbst." Der große Künstler wusste genau, dass Genie Arbeit bedeutet und Erfolg seinen Preis hat. Er wusste aber auch, dass er seine Lebensaufgabe gefunden hat, ja er glaubte, dass die Aufgabe ihn gefunden hat und bis zu seinem letzten Atemzug nicht mehr loslassen werde. Mi 82 Jahren schrieb er in sein Skizzenbuch: „Die Malerei ist mächtiger als ich, sie lässt mich tun, was sie will."

Nun geht es mir nicht darum, Sie zum besessenen Workaholic oder zum Megastar zu machen. Der Preis dafür ist hoch und nicht jeder

Zielstrebigkeit, geleitet durch eine „starke innere Landkarte" lässt sich vor allem in Künstlerbiographien und Lebensläufen von Selfmademan/women erkennen. Lesen Sie Biographien berühmter Leute, um jene Kraft zu entdecken.

EIN ERFOLGREICHES LEBENSGERÜST

möchte ihn bezahlen. Ich will Sie nur ermutigen, das für Sie Richtige zu tun, das, womit Sie sich wirklich wohl fühlen und mit dem Sie Ihre Zeit am besten genützt wissen. Picassos Hingabe an die Kunst war, so sehr er sich wie jeder kreative Mensch auch von Zeit zu Zeit damit gequält hatte, tief empfundene Leidenschaft: „Wenn ich arbeite, entspanne ich mich. Nichtstun oder Besuche unterhalten,

macht mich müde", wiederholte er oft und verhielt sich danach. Er konnte sich tagelang in sein Atelier zurückziehen und arbeiten und zum Schluss völlig erfrischt wieder in die Welt des Alltags zurückkehren.

Wer derart im Fluss mit sich und seiner Tätigkeit ist, ermüdet tatsächlich viel weniger. Eine Fließbandarbeiterin erklärte einmal in einem Interview, dass sie nirgendwo so gut für eine achtstündige Meditation bezahlt werde, wie am Fließband. Für sie war es die richtige Arbeit. Ein Straßenarbeiter sagte, dass er die Straßen seiner Stadt nicht verlassen würde, denn er fühlte sich genau an diesem Platz richtig, seine Arbeit empfand er als wichtig und als einen Dienst an der Menschheit. Jeder Job kann der Richtige sein, momentan oder für immer. Und jeder kann seine Situation verändern, wenn er nur will.

Jeder Job kann der Richtige sein, egal, ob nur momentan oder für immer.

Eigene Visionen zulassen

Welche Vision haben Sie von Ihrer idealen Tätigkeit? Was ist Ihnen wichtig? Träumen Sie manchmal von einem ganz anderen Beruf als dem, den Sie ausüben? Oder haben Sie das Gefühl, am richtigen Platz zu sein? Arbeiten Sie lieber in einem Team oder sind Sie ein Einzelgänger? Sind Sie eine Führernatur oder übernehmen Sie lieber keine Verantwortung für andere Mitarbeiter? Sind Sie ein Tüft-

EIN ERFOLGREICHES LEBENSGERÜST

ler und Grübler, der lieber still vor sich hin arbeitet, oder treten Sie gerne vor Publikum auf, stehen Sie gerne im Rampenlicht? Vor allem aber und ganz wesentlich: Haben Sie das Gefühl, dass Ihre Stimme an diesem beruflichen Platz etwas bewirken kann, was in der Welt zählt? Haben Sie Vertrauen in den Sinn Ihrer Tätigkeit?

Nachdem Sie sich diese Fragen in aller Ruhe gestellt haben, wissen Sie mehr über Ihren momentanen gegenwärtigen Zustand, über Ihre innere Landkarte. Nun können Sie sich ein wichtiges Ziel für die kommende Zeit vornehmen, etwa, dass Ihnen der Jobwechsel noch in diesem Jahr gelingt, dass man Ihnen bestimmte wichtige Aufgaben überträgt, Sie eine bestimmte Summe Geld verdienen werden, mehr Freizeit bekommen, einen Arbeitsbereich finden, der Sie mit Leidenschaft, Freude und Spaß erfüllt. Formulieren Sie Ihr Ziel so genau wie möglich, in der Gegenwart – also so als wäre es schon Wirklichkeit – immer positiv und in eigener Kontrolle. Zum Beispiel: Ich verdiene dieses Jahr mit meiner „Herzensaufgabe" 100 000 Mark und habe genug Zeit für meine Tochter und mich. Oder ein anderes Beispiel: Ich kann meinen Kollegen mit Humor begegnen.

Einen Lottogewinn können Sie sich zwar wünschen, aber die Erfüllung dieses Wunsches liegt nicht in Ihrer Hand.

Formulieren Sie Ihr Ziel so genau wie möglich in der Gegenwart – also so als wäre es schon Wirklichkeit.

Formulieren Sie immer positiv und in eigener Kontrolle.

ERGEBNIS ERARBEITEN

Haben Sie Ihr Ziel? Gut. Haben Sie es positiv und in der Gegenwart und in eigener Kontrolle formuliert? Sehr gut. Wollen Sie dieses Ziel wirklich zu hundert Prozent erreichen? Noch besser. Haben Sie Papier und Bleistift besorgt? Dann kann es also los gehen.

Schreiben Sie nun visuelle, auditive, kinästhetische, olfaktorische und gustatorische Assoziationen zu Ihrem Ziel auf.

1. Was sehen Sie, wenn Sie an Ihr Ziel denken? Welche Farben hat es? Welche Bilder, Symbole tauchen auf?

2. Welche Geräusche nehmen Sie wahr? Wie ist Ihre eigene Stimme, wenn Sie an Ihr Ziel denken?

3. Wie fühlen Sie sich und wie fühlt sich Ihr Ziel an? Ist es eher warm oder frisch? Fühlt es sich fließend oder leicht an? Welche Bewegungen gehören dazu?

4. Welchen Duft riechen Sie? Den von frischen Kleidern, vom Meer, ein bestimmtes Parfum, frisches Heu, Kuchen oder andere Küchengerüche?

5. Welcher Geschmack fällt Ihnen zu Ihrem Ziel ein?

Diese Übung können Sie immer wieder und mit den unterschiedlichsten Themen durchspielen. Sie verhält sich wie ein Korrektiv, wie eine kleine Selbstanalyse mit dem Vorteil, dass Sie nicht nur

ERGEBNIS ERARBEITEN

Sie können zu jedem Punkt mehrere Assoziationen aufschreiben. Es erfordert ein wenig Übung, sich auf diese Weise Zugang zu seinen unbewussten Ressourcen zu verschaffen, aber es ist ungemein effektiv. Nun beantworten Sie folgende Fragen in Bezug auf das von Ihnen formulierte Ziel:

1. Mit wem, ab wann und wie oft wollen Sie Ihr Ziel leben?

2. Wie verändert sich Ihr Leben, wenn Sie Ihr Ziel leben?

3. Was bedeutet Ihr Ziel für die Personen in Ihrem Umfeld (Partner, Kinder, etc.)? Ein wichtiger Punkt, denn nur wenn es den Ihnen wichtigen Menschen mit Ihrem neuen Ziel gut geht, werden Sie es auch erreichen wollen.

4. Was ist der Preis für Ihr Ziel? Auf was werden Sie verzichten und was werden Sie dadurch bekommen?

5. Welche Vorteile hatte Ihr jetziger Zustand und welchen Sekundärgewinn ziehen Sie daraus? Sich zurückziehen können? Hat er eine Schutzfunktion? Gibt er Ihnen Ruhe? Etc. Falls Sie von den Vorteilen etwas in Ihr neues Ziel hinüber retten wollen, müssen Sie es in Ihre Zielformulierung mit einbeziehen.

6. Was hindert Sie eigentlich daran, Ihr Ziel zu leben?

7. Welche Überzeugungen, welche Glaubenssätze und Werte brauchen Sie, um Ihr Ziel zu erreichen?

8. Welche Verhaltensweisen müssen Sie für Ihr Ziel ablegen, welche neu erwerben, welche verändern?

9. Welche Schritte zu Ihrem neuen Ziel werden Sie unternehmen? Welches wird der erste Schritt sein?

Auskunft über Ihren gegenwärtigen Zustand und was Sie an ihm ändern wollen erhalten, sondern auch ganz konkrete und praktische Schritte für zukünftiges Verhalten mitgeliefert bekommen. Ich kenne eine Frau, die für ihre Persönlichkeitsentwicklung nichts anderes als ein paar Mal pro Jahr diese Übung macht. Sie sagt, dass sich ihr Leben dadurch grundlegend verbessert und vereinfacht hat, dass sie dadurch genauer weiß, wo sie in nächster Zeit hin will, was sie verändern muss, kurz: Für sie ist diese Übung die einfachste, unaufwendigste und effizienteste Methode des Selbstcoaching.

Das Paradoxe ist, dass Erfolg weder vom Himmel fällt noch sich planen lässt.

WAS IST ERFOLG:

INNERER REICHTUM UND ÄUSSERER WOHLSTAND

Was ist aber nun Erfolg und wie lässt er sich herstellen? Im Rahmen dieses Buches kann ich natürlich nur ein paar Gedankenanstöße geben, Ihnen die innere Verfassung näher bringen, die nötig ist, um Erfolg möglich zu machen und Ihnen versichern, dass jeder sich selbst in seiner Arbeit so leben kann, daß er sein optimales Ziel erreicht. Bestimmt verfügen auch Sie über ein Kreativitätspotenzial, das um vieles größer ist als Sie ahnen und das geweckt und entwickelt werden kann. Das Paradoxe ist, dass Erfolg weder vom Himmel fällt noch sich planen läßt. Erfolg hat seine ganz eigenen Gesetzmäßigkeiten. Die wichtigsten Regeln sind folgende: Der amerikanische Erfinder Thomas Edison sei, so erzählt eine viel zitierte Anekdote, nach 9999 erfolglosen Versuchen, die Glühbirne zu entwickeln, gefragt worden: „Werden Sie es auf zehntausend Misserfolge bringen?" Edison antwortete: „Ich hatte keinen einzigen Misserfolg. Ich habe nur immer wieder neue Möglichkeiten entdeckt, die elektrische Glühbirne nicht zu erfinden." Kaum eine Geschichte erzählt präziser, worauf es ankommt, wenn man Erfolg haben will. Erfolgreiche Menschen kennen keine Misserfolge. Misserfolge sind Teilerfolge auf dem Weg zum Ziel, sie liefern wichtige Informationen über die nächsten Schritte, sind Lernerfahrungen, die nötig waren.

Ein anderes Beispiel: Haben Sie schon einmal einem Kind zugesehen, das gerade laufen lernt? Es fällt hin, steht auf, lacht, geht ein paar Schritte, fällt wieder hin, steht auf, übt weiter bis es freudestrahlend in die Welt hinauslaufen kann. Würde es sein Straucheln jedes Mal als Misserfolg werten, würde es vielleicht nie laufen lernen.

RÜCKSCHLÄGE POSITIV NUTZEN

Ein weiteres, damit verwandtes Gesetz des Erfolgs lautet: Alles was geschieht, geschieht zu meinem ureigensten Besten. Das bedeutet, dass jede Erfahrung, jede Situation, auch jeder Rückschlag für den weiteren Lebensweg positiv genutzt werden kann. Ich kenne eine Frau, die nach zwei gesunden Kindern ein Mädchen mit Down-Syndrom auf die Welt brachte. Sie kündigte ihren Job und widmete sich aus ganzem Herzen ihrem Kind und seiner bestmöglichen Ent-

Alles was

geschieht,

geschieht zu

meinem ur-

eigensten

Besten.

Beruf

EIN ERFOLGREICHES LEBENSGERÜST

wicklung. Heute leitet sie eine wichtige Behinderteninstitution in Italien. Ein Bekannter von mir erlebte mit Mitte 50, wie sein Unternehmen in den Konkurs schlitterte. Er hielt sich nicht lange mit Jammern und Klagen auf, analysierte die Fehler und gründete im gleichen Produktsegment ein neues Unternehmen. Seine Firma wurde zehnmal so erfolgreich wie sein erstes Unternehmen. Er kannte schließlich die Schwachpunkte. Ein leitender Angestellter eines großen Multimedia-Hauses erfuhr über Umwege, dass sein Arbeitsvertrag nicht verlängert werden soll. So kam er seinem Chef zuvor, erklärte, sich mit der Geschäftsidee X selbstständig machen zu wollen und bot seiner Firma eine Beteiligung an. Der Chef war von der Idee so angetan, dass er seinem ehemaligen Angestellten den Aufbau der eigenen Firma finanzierte.

Wenn man frei von der Angst ist, dass etwas sich nicht erfüllen könnte, werden erhoffte Ziele leichter wahr.

Die Bestsellerautorin Harriet Rubin schreibt in ihrem Buch „Soloing", ein Bekenntnis über die Macht des Glaubens an sich selbst und den Weg in die eigene berufliche Selbstständigkeit, ein Buch über Menschen, die aufbrechen, um nur noch das zu tun, was ihnen wirklich Spaß macht und ihrem „inneren" Auftrag entspricht: „Sie stecken haarsträubende, durch nichts gerechtfertigte Mengen Liebe, Vertrauen und Hingabe in ihre Arbeit, ohne viel über die Zukunft zu wissen." Dahinter steckt ein drittes, wichtiges Gesetz des Erfolgs. Man muss sich täglich neu und hundertprozentig mit Herz,

Beruf

Seele und Geist seiner Sache verschreiben. Das erhoffte Ergebnis der Bemühungen aber – das ist am allerwichtigsten – muss man loslassen. Wenn man frei von der Angst ist, dass es sich nicht erfüllen könnte, werden erhoffte Ziele leichter wahr. Stellen Sie sich vor, Sie laufen beschwingt und locker über einen ein Meter breiten Teppich. Kein Problem, nicht wahr? Doch nun stellen Sie sich vor, Sie müssten über eine ein Meter breite Brücke ohne Geländer gehen, die über einen hundert Meter tiefen Abgrund führt. Aus Angst abzustürzen, werden Sie kaum ans andere Ende gelangen. Wüssten Sie nichts über den Abgrund, würden Sie ebenso locker über die Brücke gehen wie über den Teppich. Ähnlich verhält es sich auch mit Ihren Lebenszielen.

NEUGIER MACHT MUT

„Bringen Sie Ihrer Arbeit die gleiche Neugier und Vitalität entgegen, die Sie einem Spiel widmen", meint schließlich einer der erfolgreichsten Erfolgstrainer, Anthony Robbins. „Wenn Sie zur Überzeugung gelangen, dass Arbeit nur eine Quälerei ist, die dazu dient, einen Gehaltsscheck nach Hause zu bringen, dann wird sie höchstwahrscheinlich auch nie etwas anderes für Sie sein." Erfolgreiche Menschen jedoch, so hat Robbins herausgefunden, „finden in ihrer Arbeit das, was die meisten von uns im Spiel finden: Sie betrachten

Wer im Fluss ist, kommt voran, wer keine Angst vor dem Scheitern hat, hat keine Mühe sich laufend zu korrigieren.

TANZEN SIE SICH IN IHREN ERFOLG HINEIN

Wählen Sie eine Musik, die Wohlbefinden und Erfolg suggeriert. Erinnern Sie sich an eine Aufgabe, die Sie erfolgreich beendet haben. Bestimmt waren Sie positiv motiviert. Schon als Sie an die Sache heran gingen, wussten Sie wahrscheinlich, dass sie ein Erfolg werden würde. Welches Gefühl von Gewissheit hat Sie damals geleitet?

Welches Gefühl hatten Sie, als Sie selbstbewusst und mit der Gewissheit des Erfolgs an Ihre Aufgabe heran gingen? Beginnen Sie nun zu tanzen. Versuchen Sie, Ihr Gefühl von Erfolg mit einer bestimmten Bewegung zu assoziieren. Merken Sie sich diese Bewegung.

Sie können sie jederzeit einsetzen, um sich daran zu erinnern, wie sich Erfolg für Sie anfühlt. Sie können die Bewegung auch auf eine Chiffre, eine symbolische Bewegung reduzieren und mit Hilfe dieser Bewegung das Erfolgsgefühl in Ihren Alltag tragen.

sie als eine Möglichkeit, ihre Kräfte einzusetzen, Neues zu lernen, unbekannte Wege zu erforschen." Spielerisch an die eigene Arbeit und den erhofften Erfolg heranzugehen, aus der beruflichen Tätigkeit ein Abenteuer zu machen ist deshalb so wichtig, weil Sie diese Haltung kreativer machen wird. Wer im Fluss ist, kommt voran, wer keine Angst vor dem Scheitern hat, hat keine Mühe sich laufend zu korrigieren. Wer aber Spaß daran findet, sich lernend zu verwandeln, wird enorme Kräfte freisetzen. Der amerikanische Schriftsteller Mark Twain sagte: „Das Geheimnis des Erfolgs liegt darin, sich in seiner Arbeit entspannen zu können."

Beruf

Beruflicher Erfolg drückt sich natürlich auch in Geld und materiellem Wohnstand aus. Und auch da lässt sich durch bestimmte Haltungen so manches erreichen. Verdienen Sie genug? Wissen Sie überhaupt, wie viel Sie verdienen wollen? Wie viel, denken Sie, ist Ihre Arbeit wert? Müssen Sie sich Ihr Brot hart verdienen oder fließt das Geld Ihnen zu? Glauben Sie schließlich, dass Frauen wirklich reich sein dürfen, dass ihnen Spitzengehälter zustehen? Eine Frau kam zu mir, weil sie mit ihrer Arbeit unzufrieden war. Sie hatte zwar nicht das Gefühl, den falschen Beruf ergriffen zu haben. Sie mochte ihre Arbeit. Aber irgendwie fühlte sie sich ausgenützt, kam nicht recht vom Fleck und das wiederum wirkte sich negativ auf ihre Stimmungslage aus. Sie hatte das Gefühl, dass ihrer Arbeit wenig Wert beigemessen wird und dass es eben eine Arbeit sei, für die man nur wenig bezahlt bekomme. Also arbeiteten wir mit dem Ziel, dass sie innerhalb eines Jahres doppelt so viel Geld für die gleiche Arbeit bekommen werde. Mit der Zielrahmenübung fanden wir heraus, welche Verhaltensmuster sie ändern und welche neuen Glaubenssätze etabliert werden mussten. Tatsächlich begann sich in der Folge eine ganze Menge in ihrer Arbeit zu verändern. Schließlich wurde sie in eine andere Abteilung versetzt und bekam das Geld, das sie sich gewünscht hatte.

Viele Frauen kennen sich auch heute noch in Gelddingen nicht aus – oder wollen sich nicht auskennen.

GELD IST WICHTIGER ALS SIE GLAUBEN

Vor allem beim Geldverdienen sieht man, wie sehr unsere Glaubenssätze die Realität beeinflussen, in der wir leben. Frauen leiden im Umgang mit Geld ganz besonders an überkommenen negativen Werten. Oft kennen sie sich in Gelddingen nicht aus, glauben Geld sei etwas, über das man nicht spricht, und haben das Gefühl, sie müssten ihrem Arbeitgeber noch etwas dafür bezahlen, dass er ihnen einen Job gegeben hat. Meistens verstärkt sich bei ihnen das Gefühl, nicht alleine für sich sorgen zu können, sobald ein Mann in ihr Leben tritt. Waren sie davor noch so erfolgreich, so glauben sie als Mutter von zwei Kindern bald, einen Mann als Ernährer der Familie an ihrer Seite zu brauchen. Selbst wenn sie es nicht zugeben werden, spielt die klassische Rollenaufteilung eine wichtige unterbewusste Rolle. Meistens stecken Frauen beruflich zurück, wenn die Kinder kommen, sie sorgen sich um das Wohlergehen aller und die Harmonie im Haus und vergessen darüber ihre eigenen Bedürfnisse und Ziele.

Leistung und Erfolg müssen sowohl mit Worten als auch mit Geld entgolten werden. Das steht Ihnen zu!

Wenn Sie aber glauben, dass Ihnen nichts oder nur wenig Geld zusteht, werden Sie unmöglich genug verdienen und unabhängig von einem Mann durch Ihre eigene Leistung, durch den Erfolg, den Sie mit ihrer inneren Aufgabe erzielen, zu materiellem Wohlstand gelangen. Das Gefühl mangelhaft, nicht wertvoll zu sein, kann bewirken, dass man überall Mangel und Armut wahrnimmt anstatt Fülle, Überfluss und Großzügigkeit. Manchmal führen Schuldgefühle sogar dazu, dass sie sich in einem äußeren Berg von tatsächlichen finanziellen Schulden manifestieren. Versuchen Sie es einmal mit Glaubenssätzen wie: Ich fühle mich reich. Geld kommt gerne zu mir und bleibt auch bei mir. Ich gehe gut mit Geld um. Alles was ich anfasse, wird zu Gold. Ich kenne meinen Wert. Mir gelingt alles, was ich mir vornehme. Ich bin wertvoll. Wenn Sie all das glauben, werden Sie zwar nach wie vor etwas tun müssen, um Geld zu verdienen, aber sie werden Ihr Ziel eher erreichen. Vergessen Sie nicht, genau zu definieren, wie viel Geld Sie brauchen. Wie viel Geld möchten Sie im Monat, im Jahr verdienen? Wenn Sie einfach nur sagen, dass es mehr sein soll, könnte es ja auch bloß eine Mark mehr sein, und das würde Sie wohl kaum zufrieden stellen.

Wie viel Geld möchten Sie im Monat, im Jahr verdienen?

UND GELD MACHT DOCH GLÜCKLICH

Ralph Tegtmeier hat in seinem Buch „Der Geist der Münze" eine Liste mit den häufigsten Fehlern im Umgang mit Geld erstellt. Mangelndes Geldbewusstsein, Ängste in Geldsorgen umzumünzen, die Lösung persönlicher, seelischer, materieller Probleme vom Geldbesitz abhängig zu machen, Geiz und Kleinlichkeit in Gelddingen, Neid auf finanziell Erfolgreiche, sich selbst nichts gönnen, Geld mit den

EIN ERFOLGREICHES LEBENSGERÜST

FINDEN SIE HERAUS, WIE REICH SIE SIND

Erstellen Sie eine Liste all der Dinge, die Sie besitzen.

Erfassen Sie jeden Gegenstand, egal ob es ein T-Shirt im Schrank, eine Kaffeetasse, ein Bleistift oder das Auto ist.

Geben Sie jedem Gegenstand einen ungefähren Wert und rechnen Sie Ihr Barvermögen dazu. Wenn Sie alles, was Sie haben, auf diese Weise wahrnehmen und bewerten, fühlen Sie sich vielleicht ein bißchen reicher.

Sinnen nicht mehr wahrnehmen, Mangel an persönlicher Initiative. Damit Sie in Gelddingen aus der negativen in eine positive Grundstimmung gelangen, können Sie auch oben stehende Übung machen.

SINN DER ARBEIT

Und doch: Vergessen Sie nie, was der französische Schriftsteller und Abenteurer Antoine de Saint-Exupéry gesagt hat: „Wer nur um Gewinn kämpft, erntet nichts wofür es sich lohnt, zu leben." Der passionierte Flieger war mit Körper, Geist und Seele auf der Suche nach dem Sinn des Lebens, den er in seinen Büchern festzuhalten versuchte. Einer der reichsten Männer der Welt, der ungarisch-amerikanische Börsenguru George Soros, steckte seit dem Fall des Eisernen Vorhangs einen wesentlichen Teil seines Vermögens in den Aufbau unzähliger Entwicklungshilfeprojekte für die ganze ehema-

Beruf

lige kommunistisch regierte Welt. Er zog all die Jahre mehr Befriedigung daraus, in ungeheizten, heruntergekommenen Büros in Rumänien und Weißrussland oder Bosniens Konferenzen für die Demokratie und die offene Gesellschaft einzuberufen, als sich am Swimmingpool in Palm Beach die Zeit totzuschlagen. Sagen Sie jetzt nicht: „Ja, wenn ich einmal so reich bin, ja dann…" Ich könnte Ihnen noch tausend andere Beispiele auch von viel weniger reichen Leuten erzählen, und bestimmt kennen Sie selber Geschichten von Menschen, die das Gefühl vermitteln, mit ihrem Tun einen sinnvollen Platz in der Gemeinschaft zu haben.

Mit dem Herzen sehen verleiht dem Leben einen tieferen Sinn und Ihrer Arbeit die Leidenschaft, die Sie brauchen, um erfolgreich zu sein und zu „innerem Reichtum" zu gelangen. Seinen Wert zu entdecken, kann reicher machen als Geld, denn jeder Mensch ist ständig, wenn auch oft unbewusst, auf der Suche nach sich selbst. Und jeder würde sich wünschen, dass seine Stimme etwas zählt auf dieser Welt. Wenn Sie sich selbst leben, wird das Ihre ganz persönlich Stimme stärken. Sie zählt auf dieser Welt, und genau deshalb sollten Sie nicht aufhören, sie zu entwickeln.

Was von Herzen passiert, geschieht schnell und fühlt sich nicht mal der Mühe an, die es gekostet hat.

EIN ERFOLGREICHES LEBENSGERÜST

STRESS LASS NACH, DIE ZEIT DRÄNGT!

Bestimmt kennen Sie diese Leute, die einfach alles unter einen Hut bringen, bei denen Sie sich schon oft gefragt haben, „wie macht der denn das? Hat er etwa zehn Stunden pro Tag mehr zur Verfügung als ich?" Ich kenne eine Frau, die eine gut gehende eigene

Wenn man nur tut, was man tun will, hat man erstaunlicherweise mehr Zeit.

Firma für Kunst- und Kulturmanagement hat. Sie gibt regelmäßig Einladungen, bei denen sie zu allem Überfluss auch noch selbst kocht, zieht ihre drei Kinder ohne männliche Unterstützung groß, hat auch noch Zeit, den Puppen der jüngsten Tochter Kleider zu nähen, ihren Garten in ein verwunschenes Paradies zu verwandeln und zu jeder, aber auch wirklich jeder Zeit ein offenes Ohr für die Probleme ihrer Freundinnen zu haben. Fasziniert hat mich kürzlich auch die Lebensgeschichte eines mittlerweile Mitte 80jährigen von jugendlichem Elan erfüllten Mannes. Er hatte es in seinem Leben zu ganz unterschiedlichen Karrieren und Aufgaben gebracht. Erst war er Diplomat, dann Bankier, dann Leiter einer Papierfabrik, anschließend Unternehmer und schließlich, als er seine Firmen gewinnbringend verkauft hatte, begann er Theologie und Philosophie zu studieren, schrieb mit über 80 seine Doktorarbeit, sammelte impressionistische Kunst, ließ kaum ein wichtiges Ereignis der klassischen Musik aus, saß weiterhin in zig Aufsichtsräten und Vereinen, von denen er die meisten selbst gegründet hatte. Sein Geheimnis, so schien mir, war und ist seine Leidenschaft für jede Aufgabe, die

sich ihm in den Weg stellt, seine ungebremste Lebenslust und seine

Offenheit jeglichen Veränderungen gegenüber.

Oder denken Sie an den viel zu früh verstorbenen Dirigenten Giu-

seppe Sinopoli. Neben einer Weltkarriere als Dirigent war der Mu-

sikdirektor der Dresdener Staatskapelle auch noch Komponist, Lite-

rat und hatte Medizin und Psychiatrie studiert. Der Schriftsteller

und Nobelpreisträger Ernest Hemingway, selbst jemand mit einem

über die Maßen ausgefüllten Leben, erklärte einmal Marlene Diet-

rich: „Lass sein, was du ernsthaft nicht tun willst." Wenn man nur

tut, was man tun will, hat man erstaunlicherweise mehr Zeit. Wenn

man es obendrein noch mit Leuten tut, die man gerne mag, hat man

doppelt gewonnen. Das ist die einzige mir bekannte wirklich effi-

ziente Methode, etwas derart statisches wie die Zeit zu vermehren.

Denn, wer nur tut, was er will, nützt seine Zeit optimal. Wie oft sitzt

man im Büro und denkt, eigentlich würde ich viel lieber spazieren

gehen. Dann geht man spazieren und denkt an die viele sich im Bü-

ro stapelnde Arbeit. Danach ist man unzufrieden, weil man weder

die Aufgaben im Büro erledigt noch den Spaziergang genossen hat.

„Sei ganz bei dem, was du tust", erklärte der buddhistische Mönch

Thich Nhat Hank das spirituelle Grundgesetz, wonach nur wer im

Augenblick lebt, wirklich lebendig ist, nur wer dem Hier und Jetzt

Beruf

Aufmerksamkeit schenkt, gelassen zu tun vermag, was er tun soll.

Wer im Augenblick lebt, kann nicht in Hektik geraten. Jemand der Stress hat, lebt in der Zukunft, in der Annahme nämlich, es bis zum Zeitpunkt x nicht schaffen zu können. Dabei vergisst er auf die Gegenwart zu achten. Eine Anekdote: Ein zerstreuter Professor wollte zu seiner Vorlesung eilen. Weil er spät dran war, sprang er in ein Taxi und rief dem Fahrer zu: „Fahren Sie so schnell Sie können." Der Fahrer raste los, der Professor blätterte in seinen Unterlagen, an einer Ampel blickte er auf. Da er nicht mehr wußte, wo sie waren, fragte er den Fahrer: „Wissen Sie überhaupt, wohin wir müssen." „Nein", antwortete der Fahrer, aber dafür fahre ich so schnell ich kann."

Die Geschichte ist so überspitzt wie aus dem Leben gegriffen. Wer jagt nicht hektisch durch den Tag? Wer hat überhaupt noch die berühmte „innere Ruhe". Wer hat nicht das Gefühl, dass ihm die Zeit davonläuft oder dass sie zumindest rast und man nicht mehr mitkommt.

Und dennoch gibt es, wie wir gesehen haben, Menschen, die scheinbar mehr Zeit haben, die mehr aus ihrer Zeit herausholen. Ganz abgesehen von einer guten Tagesorganisation, effizienten Arbeitsmethoden, die bestimmt hilfreich sind, kommt es darauf an, die richtige Grundhaltung, das richtige Grundgefühl einzunehmen:

Wer im Augenblick lebt, kann nicht in Hektik geraten.

„Ich habe immer genug Zeit für alles, was ich tue". Dieser Glaubenssatz wird Ihren Umgang mit der Zeit radikal verändern, Sie werden plötzlich für alles, was Sie sich vorgenommen haben, genug Zeit haben.

Manchmal werden es vielleicht nur fünf Minuten sein, aber dann wird es genau die angemessene Zeit für diese Aufgabe sein. Sie werden sehen, dass Sie mit der Methode sogar plötzlich alles erledigt haben werden und „freie" Zeit für neue Aufgaben zur Verfügung haben.

ZEITMANAGEMENT

Haben Sie genug Zeit oder meistens zu wenig? Wenn Sie glauben, zu wenig Zeit zu haben, was ist das für ein Gefühl? Was sagt Ihre „innere" Stimme? Was für ein Bild sehen Sie vor Ihrem inneren Auge? Wenn Sie hingegen genug Zeit haben was für ein Bild, welches Gefühl stellt sich dann ein? Nehmen Sie nun zwei Situationen: Eine Situation, in der Sie genug Zeit für etwas Bestimmtes hatten, und eine andere Situation, in der die Zeit nicht ausgereicht hat. Ordnen Sie nun beiden Situationen Qualitäten zu; Farben, Geräusche, Gefühle, einen bestimmten Duft und Geschmack. Wenn Sie sich die beiden Situationen hinreichend bewusst gemacht haben, dann lassen Sie die Qualitäten, die Sie der Situation mit genügenden Zeit zugeordnet haben, in die andere Situation hinüberfließen. Dabei formen Sie den Satz: „Ich habe immer genügend Zeit." Nehmen Sie wahr, wie sich die Situation verändert, in der Sie zu wenig Zeit zu haben glaubten, und welches Gefühl statt dessen in Ihnen wach wird. Welche neuen Möglichkeiten haben Sie jetzt?

DIE WELT AUS DER SICHT DES ELEFANTEN – ODER DER AMEISE.

Der Weisheitslehrer Anthony de Mello erzählte einmal die Geschichte von einem Abschlussessen bei einer internationalen Konferenz. Ein amerikanischer Delegierter soll sich zu dem neben ihm sitzenden chinesischen Teilnehmer gewandt haben und auf seine Suppe

Richtungswechsel und veränderte Blickwinkel bringen Verständnis und Lösungen.

gedeutet und herablassend gefragt haben: „‚Lieben Suppie?' Der Chinese nickte eifrig. Später hieß es dann: ‚Lieben Fischie, und lieben Fleischi?' – und immer wieder war die Antwort ein freundliches Nicken." Am Ende des Essens hielt eben jener Chinese einen geistreichen Vortrag in tadellosem Englisch. Als er zu seinem amerikanischen Sitznachbar zurückkam, fragte er ihn amüsiert lächelnd: ‚Lieben Redie?' "

Anstatt die Realität zu begreifen, reagieren wir oft mit Klischees, mit vorgefertigten Bildern über die Wirklichkeit, mit Annahmen über unsere Mitmenschen, die sich bei genauerer Betrachtung als haltlos herausstellen. Der Fehler ist, dass wir Menschen oder Situationen oft nur aus unserem Blickwinkel betrachten, dass wir zu sehr mit uns selbst beschäftigt sind, um die uns umgebenden Personen so wahrzunehmen wie sie sind. Bei Konflikten am Arbeitsplatz, bei Schwierigkeiten mit Kollegen oder dem Chef oder auch bei Unklarheiten über bestimmte Aufgaben kann ein Perspektivenwechsel helfen. Versetzen Sie sich einmal in die Lage Ihres Chefs. Drückt

ROLLENSPIEL

Nehmen Sie eine Person aus Ihrem beruflichen Alltag, mit der Sie ein Problem haben. Schreiben Sie mindestens 10 Eigenschaften auf, die Sie an dieser Person gut finden. Dann lesen Sie sich die Liste laut und mit liebevoller Stimme vor.

Das gleiche können Sie mit einer schwierigen Situation machen: Finden Sie alle positiven Aspekte dieser Situation heraus. Damit können Sie bestimmte einschränkende Gefühle selbst entmachten.

Wenn all das nicht funktioniert, können Sie folgende Übung ausprobieren:

Wählen Sie eine Situation aus, die Sie einschränkt und spüren Sie das Gefühl dazu. Stellen Sie sich vor, dass Sie in ein Kino gehen. Neben Ihrem Platz liegt ein Zettel auf dem der Titel Ihres Stückes geschrieben steht (Das Drama der Madame x oder Die Lust meine Kollegin zu ermorden...). Dann hebt sich der Vorhang und Sie beobachten die Szene wie sie sich Ihnen zeigt. Das Licht, die Farben, die Geräusche, die Bewegungen, der Geruch oder den Geschmack. Sie, in Aktion mit den Beteiligten oder alleine. Dann ziehen Sie den Beteiligten Kostüme an, die zum Titel passen. Danach lassen Sie ganz laut Musik laufen und beobachten, was passiert.

Achten Sie darauf, dass Humor mit hineinkommt. Danach lassen Sie den Film zurücklaufen. Schauen Sie genau hin, was da noch anders war. Das wiederholen Sie fünfmal. Immer von der schlechten Situation zurück zur angenehmen.

Dann fällt der Vorhang und es ist Pause. In der Pause heilt Ihre innere Kraftquelle diese Situation. Was immer Sie und alle Beteiligten brauchen, kann jetzt hineinfließen. Mit Hilfe der Schwingungen von Farben, Licht, Klängen, Stille, Düfte oder Geschmack – können Ihre innersten Heilkräfte heilen. Für diesen Heilungsprozess sind ungefähr zwei Minuten erforderlich. Neben Ihrem Platz im Kino liegt jetzt ein neues Blatt, auf dem der jetztige Titel steht, der gespielt wird. Und Sie schauen sich diese Inszenierung an. Der Vorhang hebt sich. Was ist jetzt anders, wenn jeder wieder Zugang zu seinen Möglichkeiten und Ressourcen hat? Wie sind die Farben jetzt? Wie sind die Geräusche ? Wie sind die Bewegungen, wie der Duft oder Geschmack? Wenn Sie alles wahrgenommen haben, steigen Sie in Gedanken in alle Beteiligten hinein und überprüfen, wie es ihnen geht. Zum Schluss steigen Sie in sich selbst hinein. Dann verlassen Sie mit wiedererweckten Ressourcen das Kino.

ihn die Last seiner Verantwortung? Ist er nicht ein Gefangener seines Erfolgsdrucks oder ist er frei davon? Ist er nur ein Rädchen in einem größeren Ganzen, abhängig von Zwängen und Unfreiheiten oder ist er in der Hierarchie Individualist geblieben? Stellen Sie sich eine Kollegin vor, mit der Sie Schwierigkeiten haben. Was mag sie fühlen? Welchen Schwierigkeiten ist sie ausgesetzt?

Führen Sie ab und zu Streitgespräche mit sich selbst und wechseln die Seiten.

Man sieht es oft bei konfliktgeschulten Managern, beziehungsweise in Filmen, in denen dieser Typ des Geschäftsmannes auftritt. Eine Besprechung findet statt. Plötzlich steht der Chef auf, blickt kurz aus dem Fenster und nimmt die Runde dann stehend hinter seinem Stuhl ins Visier. Kurz darauf setzt er sich wieder hin. Er hat kurz seine eigene Position verlassen und sich und die anderen von außen betrachtet, die Konferenz wie eine Szene auf der Bühne wahrgenommen. Das hat ihm geholfen, im entscheidenden Augenblick des Gesprächs blitzschnell eine gute Idee, den richtigen Einfall, das passende Argument zu finden. Aus der neutralen Beobachterperspektive und mit neuen Gedanken und Lösungen bereichert, hat er sich dann wieder hingesetzt und der Verhandlung die entscheidende Wendung gegeben. Ein Musterbeispiel des Perspektivenwechsels. Haben Sie sich den Mechanismus und den Gewinn solch Verhaltensweisen einmal klar gemacht, können Sie sie in allen möglichen Situationen gebrauchen.

WAHRNEHMUNGSPOSITION

Machen Sie sich die drei Wahrnehmungspositionen klar: Die erste Position sind Sie selbst. Hier spüren Sie sich selbst mit allen Ihren Möglichkeiten, aber auch eingebildeten oder tatsächlichen Beschränkungen. In der zweiten Position versetzen Sie sich in eine andere Person, in Ihr Gegenüber, und nehmen die Umgebung und sich selbst aus dem Blickwinkel des Anderen wahr. Gleichzeitig spüren Sie, wie es dem Anderen geht. Die Fähigkeit, sich in andere Menschen einzufühlen, nennt man Empathie. Sie hilft, den eigenen Blickwinkel zu erweitern und ein Gefühl für die Probleme und Situationen der anderen zu bekommen. Drittens gibt es auch noch die Beobachterposition. Sie betrachten sich und die anderen aus einer unbeteiligten Rolle und mit neutralen Gefühlen. Diese Position ist vor allem in Streitgesprächen hilfreich, um negative Emotionen auszuschalten oder um eine Situation möglichst aus allen Blickwinkeln wahrnehmen zu können. Schnell zwischen diesen drei Positionen hin- und her wechseln zu können, wird Ihren Handlungsspielraum enorm vergrößern. Sie werden mehr und adäquatere Argumente, Sichtweisen, Problemlösungen und schließlich auch Gefühle für ihre jeweiligen Situationen zur Verfügung haben. Ein kolossaler Gewinn!

Der Blick von oben relativiert eine festgefahrene Situation.

KONFLIKTE MEISTERN

Erinnern Sie sich noch an meine Überlegungen zum „richtigen Streiten" im Abschnitt über die Partnerschaft? Da hatte ich Ihnen geraten, Ihren Streit mit dem Partner immer wieder aus der Vogelperspektive zu betrachten und sich zu fragen, wie Sie nun wirken, so als Zankhahn. Nun, auch in einem Konflikt mit einem Kollegen, einer Kollegin oder Ihrem Chef können Sie Ihre eigene Position verlassen und so tun, als würden Sie sich die Szene als Vogel von oben ansehen. Bestimmt werden Sie interessante Dinge wahrnehmen, die Ihnen helfen, neue Lösungsansätze zu entwickeln.

Wenn man all zu tief in einem Problem drinnen steckt, wenn man sich in den Fängen der eigenen Aufgabe so verstrickt hat, dass man nur noch sich, die Aufgabe und die Probleme sieht, kann es sehr hilfreich sein, die Perspektive zu wechseln. Nehmen Sie nacheinander die Position einer Ameise und dann die eines Elefanten ein. Wie nehmen Sie Ihre Situation aus dieser Position wahr? Verändert sich dadurch das Problem? Kommen Sie zu anderen Sichtweisen? Oder machen Sie einfach, was Anthony de Melo seinen Schülern geraten hat? Er zeigte ihnen einmal in einer klaren Sternennacht den Andromeda-Nebel. Er erklärte ihnen, dass er aus „hundertausend Millionen Sonnen" besteht, die viel größer seien als unsere Sonne und dass seine Lichtstrahlen trotz der Lichtgeschwindigkeit von

300 000 Kilometern in der Sekunde zweieinhalb Millionen Jahre zu uns auf die Erde brauchen. Dann schwieg der Meister und nach einiger Zeit sagte er mit einem Lächeln: „Nachdem wir nun die richtige Perspektive haben, lasst uns zu Bett gehen."

Wenn nur ein Mitglied einer Gruppe sich verändert, gerät die gesamte Gruppe in Bewegung.

MOBBING, NEIN DANKE!

Jede Veränderung führt zur Veränderung des gesamten Systems. Wenn Sie etwas bei sich ändern, wird sich auch die Dynamik Ihrer Beziehungen verändern. Es ist wie bei einem Mobile: Wenn ein Teil in Bewegung gerät, bewegen sich früher oder später auch die anderen Teile mit. Dieses Gesetz möchte ich – nicht zum ersten Mal – vorausschicken, bevor ich kurz auf ein besonders akutes und wichtiges Konfliktthema am Arbeitsplatz eingehe. Das Gesetz zu kennen, ist vor allem deshalb wichtig, weil es oft die einzige Möglichkeit ist, eine Situation zu verändern. Meistens haben wir eine Veränderung der Umstände nicht in der Hand, etwa die Arbeitskollegin zu feuern, den Chef abzusetzen, die ehrgeizige Praktikantin wieder zurück auf die Hochschule zu schicken. Wir können immer nur uns selbst verändern und erleben, wie sich früher oder später die Verhaltensweisen der Personen unseres Umfelds mitverändern oder wir uns eine neue Aufgabe und ein neues Umfeld suchen. „Es ist einfacher, deine Füße mit Hausschuhen zu schützen, als die ganze Erde mit Teppichen auszulegen" (Anthony de Mello).

Mobbing ist in Zeiten des hohen Drucks auf den Arbeitsmarkt zu einem schweren Problem geworden. Jeder muss um seinen Arbeitsplatz kämpfen, jeder muss heute sehen, dass er vorankommt, innerhalb der Hierachie des Unternehmens aufsteigt, mit besonderen Leistungen auffällt, in der Konkurrenz zu seinen Kollegen der Beste ist. Dass sich all das im Arbeitsklima niederschlägt, kann eigentlich nicht verwundern. Es müsste die Aufgabe jedes Arbeitgebers sein, dafür zu sorgen, dass keiner seiner Mitarbeiter unter die Räder kommt, dass keiner zum Problemfall mit psychosomatischen Krankheitssymptomen wird. Denn in einer Organisation, die Mobbing nicht sanktioniert, wird das Arbeitsklima früher oder später mit Sicherheit leiden.

Häufig sind Mobbingopfer Frauen, die ihre Zeit und Kraft nicht grenzenlos in die Karriere stecken können, weil sie Kinder haben. Das ist eine Schwachstelle, die nur zu gerne von anderen ausgenützt wird. Dazu kommt oft der Neid von anderen Frauen, die kein Kinder haben. „Wozu arbeitet sie denn, sie hat doch ein Kind, um das sie sich kümmern soll." Oder: „Typisch Karrierefrau. Hier jemandem den Arbeitsplatz wegnehmen und zu Hause das Kind vernachlässigen." Solche Situationen, kann sich jeder gut ausmalen.

Mobbing ist eine Art archaisches Revierverhalten – es ist nicht für alle Platz in einem Weidegrund.

Ich will nicht sagen, dass eine gemobbte Frau alleine durch eine Veränderung ihres eigenen Verhaltens aus ihrer Lage herauskommen wird, obwohl auch dies möglich ist. Manchmal, vor allem bei weniger gravierenden Mobbingfällen, ist es aber in jedem Fall hilfreich, sich selbst und die eigene Rolle in der Arbeitssituation zu analysieren. Fragen Sie sich, was hinter der momentanen Situation stecken könnte? Haben Sie sich schon öfter in so einer Situation befunden? Was gibt Ihnen die Opferrolle persönlich? Das mag in Ihren Ohren jetzt hart und ungerecht klingen. Doch auch aus negativen Erlebnissen ziehen wir „positive" Effekte. So könnte die Opferrolle für Sie eine Legitimation sein, sich schwach zu fühlen, krank zu werden, nach Hilfe schreien zu dürfen. Oder ganz einfach: Sie könnten daraus die Bestätigung ableiten, dass Sie ohnedies unfähig sind, die Opferrolle könnte Sie also vor weiteren Angst einflößenden Karriereschritten bewahren. Trauen Sie sich, Ihr Problem zu thematisieren, gehen Sie in Ihrer Firma zu den Beratungsstellen und warten Sie nicht zu lange. Jeder im Mobbingprozess ist Mittäter. Die, die agieren, genau so wie die, die nur zu- oder wegschauen. Nehmen Sie jede Hilfe an, um neue Lösungsmöglichkeiten für Ihr Problem zu finden.

Merken Sie sich aber grundsätzlich folgendes: „Kann dich jemand beleidigen, wenn du dich weigerst, beleidigt zu sein", fragte ein Meister seine Schüler und gab ihnen als Werkzeug folgenden Satz in die Hand: „Immer, wenn Du beleidigt bist, finde heraus, wie du dem Beleidiger geholfen hast." Oder wie es Eleanor Roosevelt, die Frau des amerikanischen Präsidenten Franklin Roosevelt gesagt hat: „Ohne deine Zustimmung kann kein Mensch bewirken, dass du dich minder

Niemand kann Sie beleidigen, wenn Sie es nicht so empfinden.

wertig fühlst." Deshalb kann es auch sinnvoll sein, der Situation oder Person, die Ihnen Probleme bereitet, Positives abzuringen. Das soll jetzt nicht unbedingt ein Appell an das christliche Gebot der Feindesliebe sein, sondern es ist lediglich ein Trick, neue Handlungsmöglichkeiten in einer bestimmten Situation zu erkunden.

AUSSTEIGEN FÜR NICHT-AUSSTEIGER.

Neue Welten zu entdecken, wird dir nicht nur Glück und Erkenntnis, sondern auch Angst und Kummer bringen. Wie willst du das Glück wertschätzen, wenn du nicht weißt, was Kummer ist? Wie willst du Erkenntnis gewinnen, wenn du dich deinen Ängsten nicht stellst? Letztlich liegt die große Herausforderung des Lebens darin, die Grenzen in dir selbst zu überwinden und soweit zu gehen, wie du dir niemals hättest träumen lassen. (Sergio Bambaren)

Aussteigen heißt nicht, „Nichtstun" – sondern ist oft die notwendige Laderuhe vor einem Energiesturm!

Einmal kam eine Unternehmensberaterin zu mir, die ein Jahr lang aus ihrem Beruf aussteigen wollte und eine Weltreise geplant hatte. Sie war ausgepowert und sah in dieser Auszeit die einzige Möglichkeit, wieder Kraft zu schöpfen. Sie vermietete ihre Wohnung und übergab ihre Kunden einem Kollegen. Doch plötzlich kamen ihr Zweifel. Deshalb kam sie zu mir. In der gemeinsamen Arbeit fanden wir heraus, dass sie eigentlich immer am Sprung gewesen ist, dass Davonlaufen ein Muster von ihr war. Sie konnte gut weggehen, aber schlecht bleiben. Auch in ihren Beziehungen gab es dieses Muster. Sie wollte zwar unbedingt eine feste Beziehung, doch konnte sie sich eigentlich gar nicht vorstellen, wie sie eine nahe Beziehung im Hier und Jetzt leben wollte. Also begannen wir mit Themen wie Nähe-Distanz und Konfliktfähigkeit zu arbeiten. Sie erkannte, dass die Weltreise der äußere Ausdruck ihrer Reise zu sich selbst war und dass sie im Grunde gar nicht wegfahren müsste, um bei sich anzukommen. Als wir so weit waren, fuhr sie trotzdem, aber mit

Man nimmt sich dem Gefühl, sich selbst bereits gefunden zu haben. Sie erholte sich

selbst immer gut, lernte eine Menge Leute kennen und hatte viel Spaß. Verges-

mit, egal wohin sen Sie nicht, dass hinter jeder Aussteiger-Phantasie eine Suche

es einen zieht. nach sich selbst steckt, hinter jeder Sehnsucht nach einem Leben auf einer fernen Insel, das Verlangen endlich sich selbst zu leben. Fern der Monotonie des Alltags, der entfremdenden Arbeitsverhält nisse und ihrem strengen Korsett, der schlechten Laune und der Winterdepression glauben immer mehr Menschen, sie könnten je- mand anderes sein. Doch Vorsicht: Man nimmt sich selbst immer mit, egal wohin es einen zieht.

Eine gezielte Auszeit oder ein sogenanntes Sabbatical, das mittler weile sogar Firmen ihren Mitarbeitern anbieten, kann auf der and

ren Seite ein wunderbares Lebe-dich-selbst-Seminar sein. Wenn Sie ein Jahr oder auch viel kürzer bewusst aus Ihrem gewohnten Trott aussteigen und mehr erreichen wollen als einen verlängerten Urlaub am Strand zu genießen, dann überlegen Sie sich Inhalte und Ziele, wie Sie wieder aus dieser Zeit herauskommen wollen. Vielleicht wollen Sie Yoga lernen oder zu malen beginnen, vielleicht die Zeit intensiv ihrem Segelhobby widmen oder ausschließlich russische Literatur lesen. Viele nützen diese Zeit auch für eine berufliche Weiterbildung, die in manchen Fällen auch von ihrer Firma unterstützt wird. Außerdem sollten Sie natürlich auf die praktischen Fragen nicht vergessen: Wie finanziere ich das Ganze? Wer mietet meine Wohnung in der Zwischenzeit? Wem kann ich die Katze, den Hund und die Kanarienvögel anvertrauen? Verkraftet es meine alte Mutter, wenn ich sie monatelang nicht besuchen komme? Werde ich hinterher wieder in meinen Job zurückkehren oder plane ich als Bohémien weiterzuleben? Haben Sie all das geklärt, dann nichts wie los.

BALANCEAKT: BERUF UND PRIVATLEBEN.

Ich habe einmal mit einer beeindruckenden Ärztin ein Gespräch geführt. Zuerst saßen wir in ihrer Wohnung, sie erzählte mir von ihrer Familie, von den Kindern und ihren Hobbies, aber fast nichts über ihren Beruf. Anschließend gingen wir in ihre Praxis schräg gegenüber und sprachen über ihre Fähigkeiten als Ärztin. In ihrer Praxis konnte sie sich fast nicht an ihr Privatleben erinnern. Sie hatte es sich zur Regel gemacht, streng zwischen beruflichem und privaten Leben zu trennen. Sobald sie durch die Tür in ihre Praxis geht, ist sie nur noch Ärztin, sobald sie über die Schwelle ihrer Wohnung tritt nur noch Privatperson. Die meisten Menschen haben Schwierigkeiten, die beiden Bereiche strikt zu trennen, nach getaner Arbeit nicht noch einen Stapel Akten nach Hause zu schleppen, keine geschäftlichen Telefonate von zu Hause aus zu führen oder auch nur

Ausgeglichenheit und Effizienz sind keine Hexerei!

EIN ERFOLGREICHES LEBENSGERÜST

dem Privat- und Familienleben einen wichtigen und fixen Raum im
Tagesgeschehen zu geben. Die wenigsten schaffen auch, was eine
mir bekannte Anwältin seit Jahren macht: Sie fängt in der Früh
gleichzeitig mit den anderen Kollegen in der Anwaltskanzlei zu arbeiten an, doch sie verlässt meist – und ohne weniger als die anderen zu leisten – als erste das Büro. Dann hat sie Zeit für ihre Familie, *Die Balance*
die Kinder und ihren Mann, für Freunde und auch für sich selbst. Sie *zwischen allen*
ist ungemein ausgeglichen, spielt mit ihren Kindern, kocht, lädt *Anforderungen*
Freunde ein – kurzum sie weiß genau, wie viel Zeit sie wofür einset- *zu halten, ist nur*
zen will und exerziert das selbstbewusst durch. *schaffbar, durch*

Die meisten Frauen, die zu mir in die Beratung kommen, wirken so, *eine sehr be-*
als würden die unterschiedlichen Lebensbereiche in einem fort an *wusste „innere*
ihnen zerren. Die liegengebliebene Arbeit im Büro... „Erinnern Sie *Landkarte".*
mich nur ja nicht daran", sagt ihr Blick. Zu Hause ist alles OK? Ein
tiefes Seufzen. „Ja wenn ich genug Zeit hätte... aber neulich als
auch noch die Badewanne überlief, und bis ich aus dem Büro kam
der halbe Keller unter Wasser stand, ich zwischen Feuerwehr und
Kind vom Kindergarten abholen und die Einladung, die für den
Abend geplant war, absagen..." Ruhe.

Das Leben an sich und vor allem das vieler Frauen ist schon eine ganz
eigene – ich gebe gerne zu – nicht immer leicht zu meisternde Herausforderung. Oder die Männer, immer mehr betrifft das natürlich

117

BALANCELISTEN AUFSTELLEN

Erstellen Sie zwei Listen. Eine mit allem, was Ihnen in Ihrer Arbeit wichtig ist und eine andere mit allem, was in Ihrem Privatleben eine Rolle spielt. Ein Tip: Schreiben Sie ganz schnell und spontan auf, was Ihnen zu beiden Bereichen einfällt, selbst wenn es kurzfristig sinnlos scheint. Sie sollten Erfahrungen, die Sie hier wie dort machen, Werte und Glaubenssätze, die für den einen und den anderen Bereich stehen und Gefühle, die Sie mit den beiden Bereichen verbinden, niederschreiben. Überlegen Sie in beiden Bereichen, wie Sie folgende Rollen leben: Wie sorgen Sie für sich selbst? Wie leben Sie in beiden Bereichen Ihre Rolle als Frau? Lassen Sie sich führen oder führen Sie? Können Sie spielerisch handeln? Wie füllen Sie im jeweiligen Bereich Ihre Rolle in der Gemeinschaft aus? Wenn Sie fertig sind, vergleichen Sie die Listen. Gibt es Überschneidungen? Wenn ja, haben sie die gleiche Priorität, den gleichen Platz in der Liste? Welche Werte würden Sie ihren Listen jetzt noch hinzufügen wollen? Notieren Sie die Ergänzungen.

In einem zweiten Übungsschritt finden Sie 10 Ziele und ordnen Sie diese spontan den beiden Bereichen Privat und Beruf zu. Anschließend betrachten Sie diese neuen Listen. Welche Ziele sind kurzfristig, mittelfristig oder langfristig? Nun wählen Sie aus jedem Bereich ein Ziel und stellen Sie sich folgende Fragen:

- Weshalb wollen Sie diese Ziele erreichen?
- Welche neuen Überzeugungen und Werte sind dafür wichtig?
- Welche Überzeugungen und Werte haben Sie schon?
- Welche Fähigkeiten und Strategien haben Sie, um die Ziele zu erreichen?
- Welche Mittel (Schreibmaschine, Turnschuhe, neues Computerprogramm) brauchen Sie für Ihre Ziele?

Stellen Sie sich einen Tag vor, an dem Sie ihre beiden Ziele leben. – Wie wird er sein?

Zum Abschluss bitten Sie Ihr Unterbewusstsein, dass es alle notwendigen Angleichungen trifft, damit diese Ziele automatisch in Ihrem Alltag gelebt werden können.

EIN ERFOLGREICHES LEBENSGERÜST

auch die Frauen, die selbst bei mir in der Coachingstunde noch immer

mit ihrem Handy herumhantieren. „Nur einen Moment, meine Sekre-

tärin, der müsste ich mal kurz noch folgende Liste durchgeben...."

Und kaum haben Sie sich mit diesem typischen Gesichtsausdruck zwi-

schen gehetzt und „ich bin so wichtig" endlich hingesetzt und einen

Schluck Tee getrunken, ruft bestimmt noch ein Kunde an, der „leider

Kraftquellen

ganz wichtig ist." Dabei wollten sie mit mir ihre Eheprobleme bearbei-

kann man

ten. Ich gebe es ja gerne zu: Es ist nicht leicht. Tatsächlich hilft nur

erkennen lernen.

eines: Die Balance zwischen Berufs- und Privatleben immer wieder

neu ermitteln und festlegen, indem man sich bewusst macht, was

man in den beiden Bereichen erreichen und leisten will. Das hat den

Vorteil, dass man das Gleichgewicht auch wieder ändern, von Lebens-

phase zu Lebensphase neu ermitteln kann.

Wenn Sie mit dieser Übung nun ein wenig Ordnung in das Chaos der

beiden Lebensbereiche gebracht haben, dann könnten Sie nun ge-

trost beginnen, ganz grundsätzlich eine Balance in Ihr Leben her-

einzubringen. Da gibt es noch ganz andere Bereiche und Rollen,

die alle zum Zug kommen wollen, wenn Sie beschließen, sich selbst

zu leben. Etwa: Wie wollen Sie erscheinen? Wie wollen Sie mit Ih-

rem Körper und Ihrer Seele umgehen? Wieviel Spiritualität wollen

Sie in Ihrem Leben zulassen? Woher gedenken Sie in nächster Zeit

Ihre Kraft zu schöpfen?

119

„Was macht micht stark und selbstbewusst, was

erwarte ich von mir und bin ich zu geben bereit?" –

Wer eine Antwort darauf hat ist auf dem besten Weg

zur Balance.

DEN INNERE

F I N D E N

Balance

Ich will mich heut' besuchen. Hoffentlich bin ich daheim.

(Karl Valentin)

Wenn jemand seinen „inneren Ton" gefunden hat und danach lebt, kann es sein, dass er andere zutiefst berührt.

Als Wim Wenders seinen Film „Buena Vista Social Club" drehte, hatte er keine Ahnung, wie sehr sein Dokumentarfilm über die alten kubanischen Männer und ihre Musik einschlagen würde. Noch weniger hatten sich wahrscheinlich der damals Mitte 80jährige Company Segundo und seine bald ebenso greisen Musikerfreunde Ruben Gonzales und Ibrahim Ferrer ihren späten Welterfolg träumen lassen. Doch in wenigen Wochen hatten ihre kubanischen Volkslieder die Spitze der Charts erreicht und in den Musikläden waren ihre CDs ständig ausverkauft. Wie kam es zu diesem unerwarteten Erfolg? Die greisen Musiker wurden ein Hit, weil sie inmitten der kommunistischen Misere kubanischer Ausprägung ihre Stimme, ihren „inneren Ton" bewahrt haben. Kaum zu glauben war es, wie sie in Wenders Film fröhlich und unbeschwert von ihrem gar nicht leichten Leben berichteten, wie sie nie ihren Glauben an die Musik verloren haben, auch wenn sie viele Jahre nicht spielen konnten, wie sie ihre Musik im Herzen trugen und voll Zuversicht lebten, um schließlich ihrer Heimat in der Welt eine Stimme zu geben. Wenn jemand seinen „inneren Ton" gefunden hat und danach lebt kann es sein, dass er andere zutiefst berührt. Das gilt nicht nur fü

Künstler. Auch Politiker wie Vaclav Havel oder Nelson Mandela, spirituelle Führer wie Mahatma Gandhi, berühren uns, weil wir spüren, dass sie Anteil an einer spirituellen Kraft haben, die Urquell ihres mutigen Lebens ist. Mutter Theresa berührte nicht nur, weil sie so viel Gutes für die Ärmsten der Armen getan hat, sondern auch, weil wir in ihr unsere Sehnsucht nach dem Sinn allen Lebens widergespiegelt sehen. Die Suche nach dem eigenen wahren Selbst und nach einer immer größeren Authentizität des eigenen Handelns ist so ungefähr das größte Abenteuer des Menschen.

Gut ausbalancierte Menschen haben eine faszinierende Aura.

Was dieses Abenteuer ausmacht, hat der österreichische Multimediakünstler und Zirkus Roncali Erfinder André Heller immer wieder deutlich gemacht. Ihm gehe es in all seinen Werken, von den Wunderkammer-Museen bis zu den Büchern, Filmen, Theaterereignissen und Gärten darum, „sich lernend zu erfahren und zu verändern", den inneren Ton zur Geltung zu bringen und „der beste Heller zu werden, den ich aus mir machen kann". Seine Arbeiten bringen Menschen zum Staunen, erzeugen ein Gefühl der Lebensfreude und Sinnesverfeinerung. Ihm, der seine ganz eigene, tief empfundene, persönliche Melodie gefunden hat, gelingt es, die Menschen auf ihre innere Stimme aufmerksam zu machen.

Doch was heißt das nun, den inneren Ton finden, ein positives Selbstbild entstehen lassen und die eigene Kraftquelle nutzen?

Balance

Anders gefragt: Wie gelangt man überhaupt zu sich selbst? Alles was man dazu braucht, ist vorhanden, entweder wir finden es am Wegesrand oder im eigenen Inneren. Niemand von uns wäre heute der, der er ist, wäre er nicht durch seinen Erfahrungen geprägt worden. Und jeder ist einmalig; schon aufgrund seiner Talente, aber auch durch das, was das Leben aus ihm gemacht hat. Um eine erfolgreiche Reise zu sich selbst zu unternehmen, geht es darum, den eigenen Ist-Zustand als den bestmöglichen Ausgangspunkt anzunehmen. Was in der Vergangenheit passiert ist, kann nicht ungeschehen gemacht, die damit verbundenen Gefühle, aber verändert werden, wenn man Verantwortung für sich selbst, seine Vergangenheit und Zukunft zu übernehmen bereit ist. So können Anteile aus der Lebensgeschichte gelöst werden, die den Weg zum inneren wahren Selbst verstellen und das Leben als Lehrmeister begriffen werden. Welche Gefühle und Glaubenssätze aufrecht erhalten werden und welche den Zugang zur eigenen Kraftquelle versperren ur darum verabschiedet gehören, wird sich zeigen. Übernehmen Sie die Macht über sich selbst, die Sie bisher vielleicht anderen einge räumt haben und nützen Sie die dadurch freigesetzte Kraft und Energie. Im letzten Teil dieses Buches will ich Ihnen einige Überle gungen und Übungen zeigen, die Sie zu ihrer Kraftquelle bringen werden, die Ihnen helfen werden, Ihren ganz persönlichen „inne-

Und jeder ist einmalig; schon aufgrund seiner Talente, aber auch durch das, was das Leben aus ihm gemacht hat.

ren Ton" zu entwickeln. Erst wenn Sie innere Balance erreichen, können Sie schließlich in den Fluss des Lebens eintauchen.

Dazu bedarf es einiger theoretischer Vorbemerkungen. Alles was wir in dieser Welt erleben, erleben wir durch unseren Körper und unsere fünf Sinne. Wir sehen, hören, spüren, riechen und schmecken die Welt. In unserem Gehirn sind keine geschriebene Wörter gespeichert, sondern aus Bildern, Tönen, Gefühlen, Geschmack und Geruch zusammengesetzte Erfahrungen, die wiederum von unseren jeweiligen Werten und Glaubenssätzen bestimmt und mit bestimmten Worten und Begriffen belegt werden. Wir filtern also nur bestimmte Teile aus der Realität heraus und sehen die Welt immer durch unseren ganz persönlichen Filter. Das ist eine Orientierungs- und Entscheidungshilfe und ein Schutz gegen Reizüberflutung, aber auch eine Einschränkung unserer Wahrnehmung. Sie können sich entscheiden: Wollen Sie Ihre Sinne verschließen, oder wollen Sie lernen, sie bewusst wahrzunehmen? Wollen Sie einen engen Erlebnishorizont oder die Möglichkeit Ihre Erfahrungen zu erweitern? Doch denken Sie daran: Um Ihren „inneren Ton" zu entwickeln, brauchen Sie auf jeden Fall Letzteres.

Bestimmt kennen Sie die Situation. Ein Paar, schon lange zusammen, erzählt, wie sie sich kennengelernt haben und was sie Wichtiges in der gemeinsamen Beziehung erlebt haben. Jeder der beiden wird eine ziemlich unterschiedliche Geschichte zum Besten geben, ja wenn sie zusammen am Tisch sitzen, werden sie sich höchstwahrscheinlich immer wieder unterbrechen und den anderen zurechtweisen, ihm die eigene Sicht der Erinnerung aufdrängen. Das muss nicht bedeuten, dass sich die beiden nicht verstehen, jeder hat die Wirklichkeit nur mit seinem Wahrnehmungsfilter erlebt. Oder noch einfacher: Vier Menschen sollen eine Katze beschreiber Der erste sieht vor seinem inneren Auge ein Bild einer schönen, schneeweißen Katze. Der zweite hört ihr charakteristisches, vorwurfsvolles Miauen, wenn sie etwas zum Fressen will, der dritte

Vier Menschen werden ein einziges Ding viermal unterschiedlich beschreiben.

spürt ihr samtenes Fell, das er gerne krault, und dem vierten steigen sofort die Gerüche von Katzenfutter und Katzenklo in die Nase.

Jeder hat die Katze, je nachdem ob er eher ein visueller, auditiver, kinästhetischer oder olfaktorischer Typ ist, mit einer anderen Vorstellung, einer speziellen Repräsentation, abgespeichert. Zusätzlich hat jeder unterschiedliche Erfahrungen und Werte über die Katze im Kopf. Den einen erinnern Katzen an seine glückliche Kindheit, den andern an die schmuddelige alte Nachbarin, bei der es immer so stank, der dritte verbindet mit diesen Tieren böse Legenden, bei dem vierten erweckt sie bloß den Jagdinstinkt.

Beobachtung

Sensibilität und

Einfühlungsver-

mögen verbes-

sern die eigene

Will man sich besser kennenlernen, so ist es durch die Schärfung der Sinne möglich, Körper, Geist und Seele auf tiefgreifende Art und Weise zu entdeckten. Ich kann lernen, jenen Sinneseindrücken und Vorstellungen immer größeren Raum zu geben, die mich gesund, erfolgreich und glücklich machen und jene, die mich einschränken, verabschieden oder einfach auflösen. Ein positives Selbstwertgefühl wird von solchen inneren Wahrnehmungen geprägt sein, die mich an meinen ureigensten Rhythmus erinnern und mich in eine gesunde Schwingung versetzen. Ein positives Selbstbild wird von solchen inneren Wahrnehmungen geprägt sein, die mir helfen, meinem Weg zu folgen und meine Vision auf dieser Erde zu leben.

Gefühlsland-

schaft.

Balance

ZUR QUELLE DER KRAFT ZURÜCKKEHREN.

Jedes menschliche Wesen hat eine innere Stimme als Begleiter. Und weise sind die, die auf ihre Signale achten. Wenn sie uns auch nicht immer sagt, was wir tun müssen, so warnt sie uns doch garantiert davor, was wir nicht tun sollten. (Sokrates)

Unter Kraftquelle verstehe ich eine Metapher, ein subjektives Gleichnis, das jeder für sich bewusst oder unbewusst lebt. Wer mit seiner Kraftquelle in Verbindung ist, bei dem fließt die Lebensenergie. Er ist in Resonanz oder Harmonie mit seinem Körper, seinem Geist und seiner Seele. Und er wird sich immer bewusster, da die Seele eine Brücke zwischen der Zeit und der Ewigkeit, zwischen dem Individuum und dem Sein ist. Jeder hat eine andere Vorstellung von seiner Kraftquelle. Für die einen mag es Gott sein, für die nächsten Buddha, die Sonne, ein Berggipfel oder das Meer. Mutter Theresa tankte auf, indem sie betete, der Manager eines Unternehmens mag beim Gedanken an einen weißen Palmenstrand und ein türkisfarbenes Meer wieder zu Kräften kommen, jemand anderes findet Zugang zu seinen Ressourcen beim Rauschen des Windes auf einem Berggipfel oder stellt sich einen funkelnden Kristall vor, der sein Glitzern verströmt. Auch Musik ist eine wichtige Quelle der Kraft. Wie auch immer die Vorstellung von der Kraftquelle beschaffen sein mag, all ihre Qualitäten werden uns helfen, gute Gefühle wachzurufen mit denen die Probleme des Lebens leichter gelöst werden können. Von den Qualitäten der Kraftquelle umhüllt zu sein, ist wie ein unsichtbarer Schutz vor Verletzungen, vor negativen Gefühlen und Erfahrungen. Wer mit seiner Kraftquelle in Verbindung ist, wird immer mehr sich selbst leben können. Lassen Sie sich nun auf eine Phantasiereise zu Ihrer Kraftquelle mitnehmen. Beachten Sie, dass es hier um eine der wichtigsten Übungen des gesamten Buches geht, Sie sind sozusagen zum Kern der Sache vorgedrungen. Da es sich bei dieser Übung um eine Trance handelt, sollten Sie sich von einer zweiten Person führen lassen oder die

Wer mit seiner Kraftquelle in Verbindung ist, wird immer mehr sich selbst leben können.

Übung so oft und genau durchlesen, bis Sie sich die Anleitung quasi bei geschlossenen Augen „vorlesen" können.

Um Ihre Kraftquelle ganz fest in Ihrem Bewusstsein zu verankern, können Sie jetzt Papier und Buntstifte zur Hand nehmen und sie aufzeichnen. Wenn Sie nicht sicher sind, was Sie wahrgenommen haben, gibt es einen kleinen Trick. Fangen Sie einfach an, tun Sie so, als wüssten Sie es. Welche Farben, welches Licht gehört dazu? Welche Geräusche, welche Klänge fallen Ihnen ein. Oder ist es etwa ganz still. Zeichnen Sie intuitiv das Bild ihrer Kraftquelle und schreiben Sie Ihre Assoziationen an den Rand der Zeichnung. Welche Gefühle und Zustände empfinden Sie? Ist es ein Fließen, ein

PHANTASIEREISE

Machen Sie es sich bequem und atmen Sie ein paar Mal tief durch. Schließen Sie dann die Augen und beginnen Sie zu träumen, wie Sie vielleicht schon oft geträumt haben. Wie im Traum, wo alles möglich ist, finden Sie sich in einer schönen Landschaft wieder. Vor Ihnen befindet sich ein kleiner See in der Sonne. Ein Boot wartet am Ufer auf Sie. Steigen Sie ein, machen Sie es sich bequem und lassen Sie sich vom Boot schaukeln. Das Boot trägt Sie zur Mitte des Sees.

Hier beginnt Ihr Boot sanfte Kreise zu ziehen. Wie ein Blatt das allmählich vom Baum zur Erde herabgleitet, so gleitet auch Ihr Boot in die Tiefe, tiefer und tiefer, bis Sie am Grund des Sees angelangt sind. Jetzt steigen Sie aus. Sie finden sich vor einer verschlossenen Tür wieder, auf der Ihr Name steht. Sie holen den Schlüssel aus einem Versteck, das nur Sie kennen und öffnen damit die Tür. Sie treten ein und befinden sich in einer vertrauten Welt. Vor Ihnen liegt ein la

DEN INNEREN TON FINDEN

ger Gang. Während Sie diesen Gang entlang gehen, nehmen Sie rechts und links Ihre persönlichen Helfer wahr; vielleicht sind es Menschen, vielleicht Tiere, vielleicht Phantasiewesen. Am Ende des Ganges leuchtet ein Licht . Hier treten Sie in Ihren Raum. Nehmen Sie ihn mit allen Sinnen wahr. Wie sieht es hier aus? Ist Ihr Raum mit vielen oder wenigen Dingen eingerichtet? Welche Geräusche gehören dazu? Welche Temperatur, welcher Duft und Geschmack? Nehmen Sie wahr ohne zu bewerten. Genießen Sie Ihren Raum.

Es gibt noch eine Tür. Hinter dieser Tür ist die Metapher Ihrer Kraftquelle. Öffnen Sie diese Tür und treten Sie ein. Tauchen Sie ganz in diese Atmosphäre von Licht und Farben ein, von Schwingung und Klang, vielleicht auch von Ruhe oder Stille. Lassen Sie sich umhüllen von dem einzigartigen Duft Ihrer Kraftquelle. Vielleicht nehmen Sie einen ganz bestimmten Ort in der Natur wahr, vielleicht ist es einfach ein ganz intensives Gefühl, vielleicht sind Sie eingehüllt von der Sonne oder umspült vom frischen Wasser eines Wasserfalls. Welcher Geschmack gehört dazu ? Glitzert, funkelt oder leuchtet die Metapher für ihre Kraftquelle oder breitet sich in Ihnen eher ein Gefühl des Fließens, Pulsierens oder Strömens aus? Nehmen Sie jedes Detail wahr und atmen Sie alles tief ein. Wenn Sie ganz erfüllt sind von Ihrer Kraftquelle, gehen Sie in Ihren Raum zurück. Nehmen Sie all die Qualitäten Ihrer Kraftquelle mit, all die Ressourcen die Ihnen nun zur Verfügung stehen. Lassen Sie all das tief in sich hineinfließen und spüren Sie einen Schutz, der alles abhält, was nicht Ihrer Frequenz entspricht. Ein Schutz, der Ihnen hilft im Alltag all das zu leben was Ihnen wichtig ist. Dann verabschieden Sie sich von Ihrem Raum in dem Bewusstsein, dass Sie jederzeit, wenn Sie es wünschen, wieder hierher zurück kommen können. Gehen Sie erfüllt von den Qualitäten Ihrer Kraftquelle den Gang entlang, verschließen Sie die Tür, auf der Ihr Name steht, und geben den Schlüssel zurück in das Versteck, das nur Sie kennen. Dann steigen Sie wieder in das Boot und lassen sich in sanften Kreisen höher und höher bringen, bis Sie wieder auf der Wasseroberfläche des Sees ankommen und die Umgebung wahrnehmen. Sie spüren eine leichte Brise auf Ihrer Haut und lassen sich zurück ans Ufer treiben. Ein sonniger Tag erwartet Sie. Kommen Sie allmählich wieder ins Hier und Jetzt zurück.

Atmen Sie jetzt noch ein paar Mal tief ein und spüren Sie der Verbindung zu Ihrer Kraftquelle nach.

Balance

Gefühl von Geborgenheit, das Sie umgibt? Ist es Wärme oder ein Prickeln? Frische? Duftet es? Welcher Geschmack drängt sich Ihnen auf? Welche Werte und Glaubenssätze fallen Ihnen zu Ihrer Zeichnung ein? Zum Beispiel: Liebe, Vertrauen, Zuversicht, Ruhe, Respekt, Leidenschaft, Gesundheit, Klarheit.

Versuchen Sie Ihre persönliche Kraftquelle zum richtigen Zeitpunkt einzusetzen.

Bestimmt werden Sie Bereiche in Ihrem Alltag erkennen, in denen Sie schon all die Qualitäten Ihrer Kraftquelle leben. In anderen Bereichen wissen Sie jetzt besser, was Ihnen fehlt. Sie können bewusst die Farben, das Licht, die Klänge und Schwingungen, die Temperatur und den Duft Ihrer Kraftquelle an all die Orte bringen, wo sie gebraucht werden, wo etwas geheilt werden soll, wo Kraft nötig ist und Antworten auf Fragen anstehen. Sie werden noch einige Tipps und Übungen bekommen, wie Sie Ihre Kraftquelle im Alltag aktivieren können, wie Sie sich das ungeheuer große Potential Ihrer inneren Stärken zu Nutze machen können.

Ich habe Menschen erlebt, die durch die Arbeit mit ihrer Kraftquelle gesund geworden sind, die dadurch ihr Urvertrauen in die Welt und das Leben zurückgewonnen haben, die wieder lernten, sich über jeden neuen Tag zu freuen und die sich plötzlich beruflich veränderten.

MASKEN ABLEGEN

Bin ich wirklich die, deren Bild mir jeden Morgen aus dem Badezimmerspiegel entgegenblickt, ungeschminkt, verschlafen, aber unverstellt? Viel lieber wäre ich doch ihr zurecht getupftes, geföhntes und mit Lippenstift, Lidschatten, Rouge und Make-up bemaltes Ebenbild, das zwei Stunden später Richtung Büro das Haus verlässt. Bin ich die warmherzige, vollbusige Mutter, die mit Ihrer Vierjährigen, versonnen als hätten sie alle Zeit der Welt, am Nachmittag durch den Park spaziert oder eher die burschikose, leicht gestresste Karrierefrau, die der Männerwelt die Stirn bietet? Bin ich eine blendende Salonlöwin oder ist das bloß eines der vielen Kostüme, die ich mir im Laufe der Jahre zugelegt habe, weil es mir als Identität so plausibel wie angenehm erschien? Ist meine Strenge nur eine Maske, hinter der sich doch wieder nur weibliche Schwäche verbirgt oder ist meine zeitweilige Unbeholfenheit nur die von Frauengeneration zu Frauengeneration weitergegebene Strategie der machtlosen Macht?

Der persönliche Auftritt vermittelt eine Gruppenzugehörigkeit – überprüfen Sie immer wieder genau, ob dieses Bild auf Sie zutrifft.

Das ganze Leben lang werden ständig Anforderungen an uns gestellt, die ein bestimmtes Rollenverhalten von uns verlangen. Spätestens in der Schule hatte man Schwierigkeiten, einfach so aufzutreten, wie man war. Man erfüllte die Erwartungen, spielte die Rolle des Klassenprimus oder Revolutionärs, war in den Jugendcliquen

Balance

immer der Außenseiter, der Anführer oder ein braves Gruppenmitglied. Manche hatten Glück und genug Selbstvertrauen von Anfang an, um eine bestimmte Rollenerwartung an ihre Persönlichkeit anzupassen, bei anderen verkümmerte das Ich, durch Masken falscher Identitäten erdrückt. Meistens kam ein erträglicher Mix dabei heraus, man genügte ein bisschen den verschiedenen Rollen, ein bisschen konnte man sich selbst sein. Damit lebt es sich schlecht und recht.

DEN INNEREN TON FINDEN

Machen Sie sich klar, welche verschiedenen Masken Sie sich zugelegt haben und überlegen Sie sich, was sie jeweils für Vorteile bringen. Geben Sie Ihnen vielleicht Schutz und Sicherheit? Doch wer sind Sie wirklich hinter der Maske? Das zu entdecken, lohnt sich immer. Vielleicht gibt es ja bestimmte Rollen in Ihrem Leben, die Sie spielen, obwohl das Stück dazu längst abgesetzt ist. Vielleicht wird es Zeit, einige Kostüme zurück in die Mottenkiste zu legen und sich auf die Qualitäten des ungeschminkten Spiegelbildes zu besinnen? Auch wenn es manchmal schwer fällt, es verleiht Kraft und innere Stärke, das eigene Selbst positiv zu leben. Gegen die eigenen Werte zu leben, macht hingegen krank und müde. Einmal kam eine Frau zu mir. Noch nie hatte ich jemanden mit einem derart perfekten Lächeln gesehen. Sie versteckte sich hinter ihrem unkomplizierten Smile, sie schütze sich, wusste aber nicht mehr, vor was eigentlich. Wer sie selbst eigentlich war, hatte sie längst verdrängt, aber sie verwandte ungeheure Kraft darauf, dass sich ihr eigentliches Ich nicht doch noch meldet und die perfekte Maske stören würde. Bei unserer Arbeit kam heraus, dass sie sich in der Kindheit sehr im Stich gelassen fühlte. Ihr Vater war nie da und wenn er kam, war er mürrisch, ja sogar aggressiv. Ihre Mutter war labil und trank heimlich. Das kleine Mädchen hatte also im Grunde niemanden und sie lernte, ständig auf der Hut zu sein, vor dem Vater, der

Vielleicht gibt es ja bestimmte Rollen in Ihrem Leben, die Sie spielen, obwohl das Stück dazu längst abgesetzt ist.

Mutter und schließlich dem Leben insgesamt. So begann sie zu lächeln. In der Arbeit mit mir, gelang es ihr mühsam und langsam, die verschiedenen Teile der Maske loszulassen und zu verabschieden. Schließlich konnte sie ihre eigentlichen Werte Sicherheit und Liebe wieder leben, ohne sich dabei ständig selbst verleugnen zu müssen. Sie lernte wieder, sich selbst zu lieben.

Es gibt so viele Anlässe, um sich zu verbiegen, ein klein wenig oder eben mehr zu verleugnen oder das zu vergessen, was einem wirklich wichtig ist.

Kennen Sie das: Ihr Chef erteilt Ihnen einen unsäglich unsinnigen Befehl und Sie wollen „nein" sagen, haben dann aber nicht den Mut dazu und führen seine Anordnungen missmutig aus? Ihr Partner betrügt sie, Sie wollen ihn zur Rede stellen, fügen sich dann aber doch lieber in Ihr Schicksal und warten, bis der Schmerz vorübergeht. Sie wollten schon lange endlich einmal Ihr grellrotes Lieblings-Cocktailkleid anziehen, finden dann aber, das entspricht nicht der Etikette. Es gibt so viele Anlässe, um sich zu verbiegen, ein klein wenig oder eben mehr zu verleugnen oder das zu vergessen, was einem wirklich wichtig ist. Um Ihnen wieder in Erinnerung zu rufen, wie es sein kann, wenn man „stur" zu sich steht, erzähle ich Ihnen folgendes Beispiel.

Ein bekannter Architekt, heute sehr gefragt, entwarf Zeit seines Lebens nur Häuser, die sich in die bestehende Natur integrieren ließen. Anfangs hatte er große Schwierigkeiten. Er musste viele Aufträge ablehnen, weil sie einen Eingriff in die Natur bedeuteten und so nicht seinen Vorstellungen entsprachen. „Ich hätte nie auch nur einen Baum für ein Haus geopfert", lautete seine Maxime. So blieb ihm nichts anderes übrig, als geduldig zu sein, als zu warten und seinen Prinzipien treu zu bleiben. Heute sind seine Vorstellungen vom naturnahen Bauen „in" und er ein gefragter Architekt. Dieser Mann musste sich schon als Kind nie verleugnen. Er wuchs in einem liebevollen Elternhaus auf und entwickelte deshalb eine ausreichende Portion Selbstbewusstsein. Nie hatte er lernen müssen, sich zu verbiegen. Was für ein Glück!

Schicksalsschläge setzen oft abrupt den Impuls zur Veränderung.

Oft beginnen Kinder schon im Elternhaus oder Kindergarten, Anforderungen zu entsprechen, denen sie nicht gewachsen sind, sich in bestimmte Rollen hineinzusteigen, die nicht unbedingt gut für sie sind und zu einem dauerhaften Muster und Rollenverhalten führen können. Das kann fatale Folgen haben: So etwa beging der Mitte zwanzigjährige Generalerbe eines bekannten Unternehmens zur Überraschung seiner großen Freundesclique plötzlich Selbstmord. Niemand hatte seine tiefe innere Verzweiflung bemerkt. Für alle war er der stets lustige Partylöwe, bei dem die Sektkorken flogen und die Nächte zu Tagen wurden. In Wirklichkeit wollte er ganz anders sein, aber der gesellschaftliche Druck und sein mangelndes Selbstwertgefühl versperrten ihm den Weg zum positiven Umstieg. So wählte er den totalen Ausstieg aus seinem Leben.

Balance

EINERSEITS ... ANDERERSEITS ...

Einerseits, dachte er, ist sie die richtige Frau für mich. Sie ist schön, gescheit, anziehend und liebevoll. Andererseits gibt es vielleicht noch eine andere, die noch schöner, noch anziehender und noch liebevoller ist. Außerdem, so dachte er weiter, sehne ich mich einerseits nach einer Familie, aber andererseits liebe ich das Junggesellendasein. Kinder zu haben stellte er sich einerseits verlockend und andererseits gänzlich nervend vor. Seinem Leben fehlte immer das Andere. Bis schließlich das Eine, sie nämlich, genug von seiner inneren Zerrissenheit hatte und ihm den Laufpass erteilte.

So wichtig es ist verschiedene Positionen zu zulassen, so wichtig ist es zu Lösungen zu gelangen.

Jeder von uns kennt Polaritäten und Einerseits-Andererseits-Gefühle. Wer es nicht trifft, zwischen ihnen zu vermitteln, erschwert sich das Leben. Ein Gefühl der inneren Zerrissenheit und Unzufriedenheit wird sich ausbreiten und Entscheidungen werden ihm immer schwerer fallen. Durch das ewige Hin und Her wird er sich selbst immer weniger spüren, es wird ihn einmal hierhin und dann wieder dorthin ziehen, aber immer wird ihm etwas fehlen.

Es ist wichtig, die unterschiedlichen Polaritäten des Lebens zu versöhnen. Polaritäten sind wie zwei Kontinente auf der Erdkugel, wie Nord- und Südpol. Beide bedingen einander und sind gleich wichtig, doch es besteht keine Verbindung zwischen ihnen. Wenn man nun nicht die Möglichkeit hat, zwischen den Polen hin und her zu

DEN INNEREN TON FINDEN

reisen, wenn man auf einer Seite der Erde bleiben muss, aber weiß, dass es eine andere Seite gibt, wird diese andere Seite im Bewusstsein immer wichtiger werden und einen zu sich hinüber ziehen. In Gedanken sind Sie also schon längst beim anderen Pol angelangt, real aber noch auf ihrem alten Kontinent. Nirgendwo sind Sie ganz, überall werden Sie die Abwesenheit des Anderen spüren und unzufrieden sein. Wäre es da nicht gut, wenn Sie tatsächlich auf beiden Polen zu Hause sein könnten, wenn Sie zwischen den beiden Polen ohne Schwierigkeiten hin und her gelangen könnten, wenn es Kontinente dazwischen gäbe, die Sie besuchen könnten? So hat auch jede Polarität innerhalb Ihrer Persönlichkeit für sich betrachtet positive Eigenschaften. Warum sollten Sie nicht alle Aspekte nützen? Es kann für Sie zum Beispiel sinnvoll sein, alleine zu sein, aber auch sich mit anderen zu treffen. Manchmal ist es gut Kontrolle auszuüben, manchmal hingegen unerlässlich loszulassen. Sie sollten eine Balance zwischen Arbeit und Freizeit herstellen, sowie Zeiten der Aktivität und der Ruhe zulassen.

Manchmal ist es gut Kontrolle auszuüben, manchmal hingegen unerläßlich loszulassen.

ÜBUNG

Wählen Sie zwei sich widerstreitende Teile Ihrer Persönlichkeit aus, die Sie behindern. Zum Beispiel: Ruhe – Unruhe, Zweifel – Zuversicht, eingeengt sein – frei sein, arm oder reich sein, bei sich oder bei jemand anderem sein. Wie fühlt sich die innere Zerrissenheit an? Wo können Sie sie im Körper wahrnehmen? Setzen Sie sich bequem hin, so dass Sie Ihre Hände frei haben. Nun entscheiden Sie, welcher Teil in die rechte, welcher in die linke Hand gehört. Anschließend lassen Sie sich von Ihrem Unbewussten für jedes Teil ein Symbol schenken. Nehmen Sie das Symbol in der rechten Hand und das in der linken wahr. Was ist es? Hat es eine konkrete Form? Fühlt es sich hart oder weich an? Warm oder kalt? Wie groß ist es? Gehören Geräusche, Farben oder ein Geruch dazu? Nehmen Sie das Symbol wahr, ohne es zu bewerten. Anschließend fragen Sie zuerst die eine Seite, welche positive Absicht dieses Symbol für Sie mitbringt, was es Ihnen geben möchte. Danach stellen Sie die gleiche Frage der anderen Seite. Versichern Sie beiden Seiten, dass Ihre positiven Absichten erhalten bleiben. Dann fragen Sie jede Seite, ob sie bemerkt habe, daß auch die andere Seite etwas Positives will? Jeder Teil will schließlich, so gut er kann, für Sie sorgen. Fragen Sie nun beide Seiten, ob sie sich vorstellen könnten, in Zukunft gemeinsam an einem Strang zu ziehen, wenn die positiven Absichten beider Teile erhalten bleiben? Holen Sie sich ein „Ja" von beiden Seiten ab. Versichern Sie Ihnen mehrmals, dass die positiven Aspekte erhalten bleiben. Dann führen Sie die Hände zusammen, bis sich die beiden Innenflächen berühren und ein ganz neues Symbol entstehen kann, das alle positive Absichten von der rechten und der linken Hand in sich vereint. Warten Sie, bis dieser Prozess abgeschlossen ist. Es kann eine Weile dauern. Wenn Sie das Gefühl haben, dass etwas Neues entstanden ist, nehmen Sie das Symbol für den neu entstandenen Teil wahr. Klappen Sie nun d Hände auseinander. Was sehen Sie? Welche For hat es? Welche Farben, Gerüche, Größe? Atmer Sie tief ein, so dass alle Qualitäten dieses neue Symbols in jede Pore Ihres Körpers fließen kön nen, dass dieses neue Symbol sich mit seinen ganzen positiven Möglichkeiten und Absichten integrieren kann, einfach indem Sie atmen. Was ist jetzt anders? Wie ist das Gefühl jetzt im Vergleich zu vorher? Welche Gedanken sind jet da? Wie geht es Ihnen mit Ihrem neuen Symbo

Diese Übung können Sie immer machen, wenn innere oder äußere

Konflikte Sie hindern ganz im Fluss zu sein, wenn Sie Schwierigkei-

ten haben, Entscheidungen zu treffen, wenn Sie das Gefühl haben,

innerlich zerrissen zu sein.

MICH VERWÖHNEN – DARF ICH DAS?

Wache jeden Morgen auf mit einem Lächeln! Zeige der Welt die

Liebe in Deinem Herzen! Dann behandeln die Menschen Dich

besser. Dann wirst Du mit Sicherheit feststellen, dass Du so schön

bist wie Du Dich fühlst. (Carole King)

Behandeln Sie

Ihren Körper wie

einen Freund!

Wir gehen mit unserem Körper oft so um, als hätten wir noch einen

zweiten im Schrank. Wir sind es gewohnt, ihn durch Arbeit auszu-

beuten, durch zu viel und zu wenig gesundes Essen zu belasten und

seine Signale zu überhören. Wir behandeln ihn nicht wie einen

kostbaren gleichwertigen Freund, sondern wie einen Diener, der zu

funktionieren hat, wie eine Maschine, die keinen Service benötigt.

Ich sprach einmal mit einer Frau, die eine transplantierte Niere

hatte und seit Jahren gut damit zurechtkam. Als ich sie fragte, wie

sie das denn mache, antwortete sie: „Ich rede jeden Tag eine halbe

Stunde mit meiner Niere. Schon vor der Transplantation habe ich zu ihr Kontakt aufgenommen und sie zu mir eingeladen. Jetzt behandle ich sie wie meinen liebsten Gast. Sie braucht viel Aufmerksamkeit. Ich frage sie deshalb immer, was sie braucht und was ihr guttut. Und ich rede eben jeden Tag eine halbe Stunde mit ihr. Das brauchen wir beide."

Oft wird einem erst während der Schwangerschaft oder einer Krankheit das besondere Verhältnis zum eigenen Körper bewusst.

Eine Frau erzählte mir einmal von ihrer ersten Schwangerschaft. In den ersten Wochen bekam sie Blutungen, eine an sich häufige Komplikation, in der die Entscheidung fällt, ob sich der Embryo dauerhaft in der Gebärmutter einnisten oder als Fehlgeburt den Körper der Frau wieder verlassen möchte. Sie musste, wie das in dem Fall üblich ist, liegen und durfte zwei Wochen ihre Stellung nicht verändern. Sie war ungeplant schwanger geworden und hatte sich noch nicht an das für sie an sich freudige Ereignis gewöhnt. Die beiden Wochen im Bett bewirkten, dass sie sofort eine intensive Beziehung zu dem heranwachsenden Embryo in ihrem Inneren knüpfte. Sie redete mit ihm, fragte ihn, ob er zu ihr gekommen war, um bei ihr zu leben und groß zu werden oder ob er wieder gehen wolle? Sie erzählte ihm von ihren Zweifeln, davon, dass sie nicht wüßte, wie sie und der Embryo in den kommenden Monaten ihren an sich schon über die Maßen Kräfte zehrenden Job nachgehen könnten, dass sie sich aber abgesehen davon unglaublich freuen würde, wenn er tatsächlich sie als seine Mutter ausgewählt ha-

ben sollte. Dabei flossen ihr, wie sie mir viele Jahre später erzählte, die Tränen herunter und sie spürte, wie sich ein festes Band zwischen ihr und ihrem Kind zu knüpfen begann. Bald darauf hatten die Blutungen aufgehört, sie arbeitete wieder voll Elan und Energie und redete unentwegt mit ihrem heranwachsenden Kind. Sie hatten einen Pakt geschlossen und legten immer wieder neu fest, wie viel die Mutter arbeiten und sich verausgaben durfte und wie viel das Kind Yoga, Spaziergänge und Schlaf benötigte. Sie hatte die unkomplizierteste und schönste Schwangerschaft der Welt und sie erzählte mir, dass sie noch nach Jahren an Plätzen in der Stadt vorbeikam und sich daran erinnerte, wie sie hier intensive

Der Körper will uns immer etwas mitteilen, wenn er sich meldet oft sind Krankheiten Signale.

Gespräche mit ihrem Embryo geführt hat. Beide Beispiele verweisen auf ein hohes Bewusstsein um das Leben und seine Bedingungen. Eine sensibilisierte Wahrnehmung, die enorme Kräfte freisetzen kann. Oft hört man von Schwerkranken, von Krebspatienten etwa, dass sie schon Jahre vorher immer wieder kleine, unbedeutende Beeinträchtigungen ihrer Gesundheit verspürten, Kopfschmerzen, Magenkrämpfe, allgemeine Schmerzzustände. Der Körper will uns immer etwas mitteilen, wenn er sich meldet und oft sind Krankheiten Signale. Sei freundlicher zu Dir, trete langsamer, gönne Dir eine Pause, stehen oft dahinter. Doch die meisten Menschen reagieren nicht oder erst sehr spät auf die Signale ihres Körpers. Wenn man sie nach ihrem Wohlbefinden fragt, können sie meistens zwar sagen, warum es ihnen nicht gut geht, aber nur selten wissen sie, was erfüllt sein müsste, damit es ihnen wirklich gut ginge. Sie reißen sich zusammen. Sei nicht so zimperlich, sagen sie zu sich und glauben, ihre Härte gegen sich selbst sei eine Tugend.

DEN INNEREN TON FINDEN

Eine Frau, die zu mir kam, hatte einen anstrengenden Beruf. Sie
kam nie zur Ruhe und bekam Schlafstörungen und Ohrgeräusche.
Sie ignorierte die Warnung weiterhin und musste mit einem Gehör-
sturz ins Spital eingeliefert werden. Nun war sie gezwungen aufmerksam und ruhig zu werden. Das heißt, die positive Absicht hinter ihrer Krankheit war, daß sie zu überlegen begann, was gut für
sie ist und was nicht.

Welche Ansprüche stellen Sie an sich? Wie hoch ist Ihre Latte? Wie
perfekt soll Ihr Körper sein? Um darauf zu kommen, was Sie selbst
brauchen, versuchen Sie diese Fragen zu beantworten.

WAS BRAUCHE ICH WIRKLICH?

- Wie viel Zeit in der Woche brauchen Sie nur
  für sich?
- Wieviel Bewegung und Sport brauchen Sie?
- Wie soll Ihr Körper aussehen, damit Sie zufrieden sein können?
- Wie viel Zeit wollen Sie mit Freunden ver-
  bringen?
- Wie wollen Sie sich ernähren?
- Sind Sie eigenbestimmt oder denken Sie zu
  wissen, was Sie brauchen, weil es Ihnen
  andere sagen?

- Vergleichen Sie sich oft mit anderen?
- Können Sie Geschenke annehmen?
- Können Sie um Hilfe bitten oder machen Sie
  lieber alles selber?
- Können Sie sich loben oder sind sie endlos
  streng und unnachsichtig mit sich selbst?
- Welche Anteile an sich mögen Sie? Gibt es
  auch Anteile Ihrer Persönlichkeit, die Sie
  nicht mögen?
- Können Sie gut bei sich bleiben, wenn Sie mit
  anderen sind?

Viele Menschen warten oft, dass irgend etwas passiert, irgend jemand kommt und etwas tut, damit Sie selbst sich in Bewegung setzen können. So entstehen Abhängigkeiten und fast noch wichtiger: Der Blick für die eigenen Bedürfnisse ist verstellt. Welche Fähigkeiten und Qualitäten brauchen Sie, um selbst entscheiden zu können, was Sie brauchen und was Ihnen gut tut?

RECOURCEN AKTIVIEREN

Wählen Sie jetzt einen Gemütszustand, den Sie dringend benötigen, um selbst zu entscheiden, was Ihnen gut tut. Z.B. Mut, Lust, Fröhlichkeit, Leichtigkeit, Klarheit, Leidenschaft, Zuversicht, Selbstvertrauen oder Humor.

Atmen Sie nun bewusst und versuchen Sie diese Qualität in Ihrem Körper zu lokalisieren.

Dann legen Sie die Hand an diese Stelle und lassen Sie sich von Ihrem Unterbewusstsein in die Vergangenheit mitnehmen bis dorthin, wo dieses Gefühl zum ersten Mal aufgetaucht ist.

Tauchen Sie ganz in diese Situation ein, atmen Sie alle Details, die hier dazugehören, tief ein.

Dann bitten Sie Ihr Unbewusstes, dass es für Sie alle Situationen Ihrer Vergangenheit aktiviert, in denen Sie diese Qualitäten gelebt haben.

Dann geben Sie Ihrem Unbewussten zwei Minuten Zeit, alle Zeit die es braucht, damit Sie entspannen können und erfahren können, wie die Ressource ganz von alleine mehr und mehr in Ihnen wach wird.

Lassen Sie sich für das Gefühl, das jetzt da ist, ein Symbol schenken.

Zum Schluss lassen Sie dieses Symbol in Ihre Zukunft fließen, so dass Sie es jeder Zeit und in jeder Situation zu Verfügung haben.

Anschließend kommen Sie wieder in das Hier und Jetzt zurück. Lassen Sie die Trance nachwirken und schreiben Sie auf, welche neuen Möglichkeiten Sie im Alltag nun haben.

IN DEN LEBENSFLUSS EINTAUCHEN.

Sehr wenige leben in der Gegenwart. Die meisten bereiten sich darauf vor, demnächst zu leben.　　　　(Jonathan Swift)

Nun ist die Reise zu Ihrem „Lebe-dich-selbst-Prinzip" bald zu Ende. Ich hoffe, Sie sind auf dem Weg, Ihren Bus selbst zu steuern, Sie haben einige Stationen auf Ihrer „inneren Landkarte" besucht, so manche Fahrtrichtung geändert und mit Ihrer „inneren Kraftquelle" eine Ressource entdeckt, die Sie jeder Zeit für sich nützen können. Nun fehlt nur noch etwas sehr Einfaches, gleichzeitig außerordentlich Schwieriges – nämlich das Eintauchen in den Fluss des Lebens. Alle spirituellen Lehren sprechen davon, alle Weisen kennen dieses tief erfüllende Glücksgefühl, mit sich und der Welt im Einklang zu sein. Es ist der Kern jeder Meditation, jedes tiefen Gebetes, es ist jenes Gefühl, das alle Menschen in ihrer Sinnsuche zu erreichen versuchen. Manchmal passiert es einfach, plötzlich, nur für einen Augenblick, in einem selbstvergessenen Moment: Alles rund um Sie bekommt einen eigenartigen Glanz, die ganze Welt erscheint Ihnen plötzlich wertvoller und kostbarer als sonst, Sie fühlen, wie sehr Sie ein Teil eines größeren Ganzen sind und wie geborgen und sicher Sie sich auf dieser Erde vorkommen dürfen. Sie haben das Gefühl, von einer alles umfassenden Liebe berührt

Mit sich und der Welt im Einklang zu sein, ist der Kern jeder Meditation, und jedes tiefen Gebetes, das alle Menschen in ihrer Sinnsuche erreichen wollen.

Balance

worden zu sein. Der wichtigste Weg zu dieser Erfahrung, zum Eintauchen in den Lebensfluss, liegt in einer an sich denkbar „einfachen" Übung. Leben Sie im Hier und Jetzt! Das ist der Weg zur Begeisterung, zum Enthusiasmus, zum Fluss des Lebens. Um Ihnen deutlich zu machen, was damit gemeint ist, will ich Ihnen die Geschichte einer Mutter berichten. Ihr eineinhalbjähriges Kind, so erzählte sie mir, hätte ihr eine sonderbare Lehre erteilt. Es sei Frühling gewesen, als sie mit ihrer Tochter einmal an einem Gebirgsbach spielte, in einem märchenhaften Buchenwald, umgeben vom Kalkfelsen, Himbeersträuchern und dem Zwitschern der Vögel. Sie sei selig gewesen, hätte sich vom Glitzern des Baches, dem Bild der in der Sonne schimmernden hellgrünen Buchen und der Begeisterung ihrer Tochter vollkommen anstecken lassen. Sie zeigte ihr, wie man einen Damm aufschichtet, über den Fluss balanciert und kleine Schiffchen aus angeschwemmten Hölzern baut. Völlig versunken in die Spiele der Kindheit hätte sie sich schließlich gänzlich selbst vergessen, glücklich hätte sie sich Augenblick um Augenblick hingegeben als ob die Zeit stehengeblieben und sich die Grenze ihrer Persönlichkeit aufgelöst habe. Als es plötzlich dunkel wurde, wurde sie wieder zur verantwortungsvollen Mutter und brachte sich und das Kind, beide mit nassen Füßen, schmutzigen Hosen und roten Backen zurück nach Hause. Sie hatte das Gefühl für einen Nachmi

Über das Erleben der eigenen Kinder führt der Weg oft zurück zu den Erlebnissen der eigenen Kindheit.

148

tag wieder vier Jahre alt gewesen zu sein und mit ihrer Schwester einen glücklichen Abenteuertag bestanden zu haben. Wenig später wollte sie diese selige Erfahrung wiederholen. Wieder ging sie mit ihrer Tochter an jenen Bach, wieder spielte sie mit ihr, wieder tanzte das Licht auf den Blättern und nassen Steinen, über die kleine

Balance

Wasserfälle rauschten. Ihre Tochter sei ebenso begeistert gewesen wie beim ersten Mal, erzählte sie, doch sie selbst sei unfähig gewesen, wieder so selbstvergessen in den Fluss des Lebens einzutauchen. „Die Sträucher und Blumen am Wasserrand waren noch ein wenig schöner, doch ihr sattes Leben fand keinen Widerhall in meinem", schrieb sie hinterher auf. Sie hätte an jenem Tag immer wieder an die unerledigte Arbeit zu Hause denken müssen, an Probleme, für die sie noch keine Lösung wusste, und war hinterher ganz traurig, einen wunderbaren Augenblick mit ihrer Tochter verschenkt zu haben. Es ist eben gar nicht so einfach, immer im Fluss zu sein. Kinder leben fast immer im Augenblick, sie sind mit dem Lebensfluss noch so verbunden und deshalb von einem Enthusiasmus, einer Begeisterung erfüllt, die sich Erwachsene meist erst wieder bewusst aneignen müssen.

Es ist eben gar nicht so einfach, immer im Fluss zu sein.

DIE KRAFT DER BEGEISTERUNG

„In der Antike bedeutete Enthusiasmus Trance, Verzückung, Verbindung mit Gott. [...] Wir haben das alle schon einmal erlebt", schreibt Paulo Coelho. „Wenn wir lieben und mit ganzer Seele an etwas glauben, fühlen wir uns stärker als die Welt und sind von einer Gelassenheit erfüllt, die aus der Gewissheit herrührt, dass nichts unseren Glauben besiegen kann. Diese seltsame Kraft macht, dass wir immer zum richtigen Zeitpunkt die richtigen Entscheidungen treffen, und wenn wir unser Ziel erreicht haben, sind wir über unsere eigenen Fähigkeiten erstaunt."

Um die Fähigkeit des Enthusiasmus entwickeln zu können, ist es nötig, die einfachsten Dinge wertzuschätzen und zu lernen, die Begeisterung wegen kleiner Niederlagen nicht aufzugeben. Alles, was wir dazu brauchen, findet sich am Wegesrand, das Außergewöhnliche ist das Einfache, der spirituelle Lehrmeister mag, wie wir gesehen haben, ein Kind sein. Deshalb kommen wir jetzt auch zur einfachsten Übung des Buches. Nicht mehr und nicht weniger ist dabei verlangt, als zu gehen.

IN DEN LEBENSFLUSS EINTAUCHEN

Machen Sie einen Spaziergang. Gehen Sie so schnell oder so langsam wie es für Sie momentan richtig ist.

Während Sie sich bewegen, lassen Sie bewusst alle Gedanken weiterziehen – wie Wolken am Himmel. Das Gehen und die vorüberziehende Natur werden Ihnen helfen, immer mehr in den eigenen Rhythmus einzutauchen.

Sie sind einfach da, ohne etwas zu leisten oder tun zu müssen, Sie werden immer mehr zu einem Teil der Sie umgebenden Natur. Genießen Sie alles rund um sich, das Gezwitscher der Vögel, die Ruhe, die Luft, die Ihre Haut berührt, Düfte, das Licht, die Bäume oder Blumen am Wegesrand. Atmen Sie dabei bewusst ein und aus und schicken Sie alle Gedanken, die kommen, mit Ihrem Atemfluss davon.

Machen Sie sich bewusst, dass atmen leben ist, dass Sie den Fluss des Lebens einatmen und sich beim Ausatmen diesem Fluss anvertrauen.

Balance

So einfach die Übung klingt, so schwierig ist sie letzten Endes, denn der gewünschte Effekt des Eintauchens in den Lebensfluss stellt sich erst ein, wenn man wirklich frei von Gedanken ist. Bewusst nicht zu denken, ist aber höchst ungewohnt, ja sogar beängstigend für unser Gehirn, weswegen es beginnen wird, Gedanken

einfach wegen des Denkens zu produzieren. Wenn Sie sich daraufhin das Denken verbieten, werden Sie nur noch mehr denken. Sie müssen einfach alles, was kommt, mit dem Atemfluss wegschicken, alle Gedanken loslassen ohne sie zu beurteilen und sich auf Ihren Atemfluss konzentrieren. Statt zu gehen, können Sie auch klassisch meditieren oder einfach über den Tag verteilt immer wieder einige bewusste Atemzüge machen. Die höchste Form der Meditation ist die reine Atemmeditation und alle spirituelle Weisheit liegt darin, sich zu vergessen und nur noch der Atem, der Fluss des Lebens zu sein. Denn die Leere ist die Voraussetzung für die Erfahrung der Transzendenz, der Glückseligkeit, die sich durch das Gefühl der Einheit mit dem Kosmos einstellt.

Suchen Sie sich Ihre eigene Form des Loslassens, die Sie täglich und überall praktizieren können.

GANZ EINTAUCHEN BEIM JOGGEN ODER GEHEN

Gehen oder joggen Sie so schnell oder so langsam wie es Ihnen im Moment gut tut. Während Sie sich bewegen lassen Sie ganz bewusst alle Gedanken, die kommen, weiterziehen wie Wolken am Himmel. Die Bewegung, der natürliche Rhythmus der Natur und die Elemente helfen Ihnen in den eigenen Rhythmus einzutauchen.

Mitten in der Natur einfach sein, ohne das Gefühl etwas leisten oder tun zu müssen. Genießen Sie all das was um Sie herum da ist. Naturgeräusche, das Gezwitscher der Vögel oder andere Geräusche oder Ruhe, die Luft die Ihre Haut berührt, Düfte die Sie am Weg begleiten, die Lichtverhältnisse, Bäume etc.

Balance

Übung

BEWUSST ESSEN, IN DEN ENTSTEHUNGSFLUSS EINTAUCHE

Während Sie Ihr Essen wahrnehmen mit all Ihren Sinnen, jeden Bissen genießen, beginnen Sie sich auf eine Reise vorzubereiten.

Diese Reise nimmt Sie mit zum Ursprung des Nahrungsmittels, das Sie gerade essen. Wo immer das ist, nehmen Sie Ihre Umgebung wahr, wie es wächst, was darum herum wächst, wer es erntet, durch wie viele Hände es gegangen ist bis es auf Ihren Teller liegt. Wer hat mitgeholfen, dass Sie diesen Genuß erleben können? Bedanken Sie sich innerlich bei allen Helfern. Gehen Sie die gesamte Kette durch bis zur Gegenwart.

Diese Übung können Sie auch mit jedem anderen Gegenstand machen.

„Respekt für sich selbst, Respekt für die anderen und Verantwortung für das Ganze."

Dalai Lama

Die Erfahrung des Eins-Seins schärft indes die Wahrnehmung. Ihnen wird so nicht mehr passieren, was dem Schriftsteller Paulo Coelho auf seiner Pilgerreise nach Santiago de Compostela widerfahren ist, als er von seinem Führer und Weisheitslehrer sechs Tage lang im Kreis herum geführt wurde, vier- oder fünfmal an den selben Weggabelungen vorbeikam, nur um zu lernen, dass das Gehen an sich wichtig ist und nicht bloß der Wunsch anzukommen: „Wenn man auf ein Ziel zugeht, ist es äußerst wichtig, auf den Weg zu achten. Denn der Weg lehrt uns am besten, ans Ziel zu gelangen, und er bereichert uns, während wir ihn zurücklegen." Wer den Fluss des Lebens erfahren hat, kann eigentlich nur noch nach einer Ma-

Den inneren Ton finden

Balance

xime des Dalai Lama leben: „Respekt für sich selbst, Respekt für die anderen und Verantwortung für das Ganze." Denn alles hängt zusammen und die Erfahrung, ein kleiner Teil des Ganzen zu sein, führt weg vom bloßem Nachdenken über sich selbst. Wer auch noch weiß, dass jede kleinste Handlung eine Bewegung im Ganzen hervorruft, nicht einmal der Flügelschlag eines Schmetterlings ohne Resonanz bleibt, der weiß, wie wichtig es ist, in den Lebensfluss einzutauchen, er hat erfahren, wie viel kreative Kraft daraus erwächst. Eine Frau, die in meine Coachingstunden kam, erhielt in einer Trance einmal ein mächtiges Symbol für den Fluss des Lebens. Sie sei, so erzählte sie hinterher, zu einem mächtigen, 400 Jahre alten Mangobaum geworden. Sein Stamm hätte ihr das Gefühl unumstößlicher Geborgenheit und Sicherheit gegeben, seine fast blaugrünen Blättern das Gefühl grenzenloser Energie, Kreativität und Lebendigkeit vermittelt. Die gelbroten Früchte, der Duft und das leichte Rauschen im heißen Tropenwind hätten sie mit einem Gefühl des Fließens und Verströmens derart erfüllt, dass sie sich seit dieser Trance dem Himmel wie der Erde zugehörig fühle und nun voll Zuversicht, versuche wie sie auszustrahlen. Wenn Sie die Kraft verliert, tanzt sie sich in das Bild ihres 400jährigen Mangobaumes hinein, bis all seine Vitalität und sein biblisches Alter auf sie übergehen.

Zum Abschluss möchte ich Ihnen analog zu diesem Beispiel noch eine wunderbare Übung mitgeben, eine Übung, die Sie jederzeit zu Ihrer Kraftquelle zurückbringen wird, die Ihnen helfen wird, negative Situationen mit den positiven Qualitäten Ihrer Kraftquelle umzuwandeln, und die Sie machtvoll mit Ihrem Lebensfluss in Berührung bringen wird.

Wenn Sie diese Übung mit Spaß und Freude immer wieder machen, werden Sie sich wie neugeboren fühlen.

TANZEN SIE SICH IN IHRE KRAFTQUELLE HINEIN

Suchen Sie sich eine Musik aus, die zu Ihrer momentanen Stimmung paßt. Ziehen Sie eventuell beengende Kleidungsstücke aus und beginnen Sie zu tanzen.

Erinnern Sie sich nun bewusst an Ihre Kraftquelle, an alle Gefühle und Qualitäten, die mit dem Bild, dass Sie bei der Kraftquellentrance erhalten haben, verbinden.

Welche Farben waren da, welches Licht, wie riecht es, wie fühlt sich Ihr Ort der Kraft an, welche Bewegung gehört dazu? Lassen Sie sich immer mehr von Ihrem Tanz erfassen und wegtragen. Vielleicht drängt sich Ihnen eine ganz bestimmte Bewegung auf, die zu Ihrer Kraftquelle passt. Wiederholen Sie sie so oft Sie können und lassen Sie die dabei entstehende Kraft strömen.

Wenn Sie eine negative Situation umwandeln wollen, so bringen Sie jetzt alle die Qualitäten, die Sie sich „ertanzt" haben, in diese Situation hinüber. Hören Sie erst wieder auf, wenn Sie und alles rund um Sie herum von den Qualitäten Ihrer Kraftquelle erfüllt ist und Sie ganz in den Fluss des Lebens eingetaucht sind.

NACHWORT UND DANK

Danke an Nena, Rosemarie, Margitta, Anita, Karin
und all meinen Klient/innen und Seminarteilnehmer/innen
die ich bisher begleiten durfte
und die mich haben wachsen lassen!

Ganz besonderer Dank an Dr. Gundl Kutschera.
Ihre liebevolle und respektvolle Begleitung
unterstützte meinen eigenen Entwicklungsprozeß
und somit die Entstehung dieses Buches.

Barbara Schütze

Wenn Sie weitere Informationen zum
„Lebe-dich-selbst-Prinzip" haben wollen, wählen Sie
www.lebedichselbst.de

Ausführliche Informationen zu allen Neuerscheinungen und
lieferbaren Titeln des Junfermann Verlages finden Sie unter:
www.junfermann.de

Literatur

Achterberg, Jeanne: Die heilende Kraft der Imagination.
München 1987.

Andreas, Connirae & Steve: Mit Herz und Verstand.
Paderborn 1992.

Bach, Richard: Die Möwe Jonathan. Berlin 1993.

Beck, Ulrich; Beck-Gernsheim, Elisabeth: Das ganz normale Chaos
der Liebe. Frankfurt am Main 1990.

Brett, Doris: Anna zähmt die Monster. Salzhausen 1998.

Chopra, Deepak: Lerne lieben, lebe glücklich. Bergisch Gladbach
1998.

Coelho, Paulo: Der Alchimist. Zürich 1996.

Coelho, Paulo: Auf dem Jakobsweg. Zürich 1999.

Coolsaet, Bo: Liebe, Lust und was wirklich zählt. Köln 2001.

Cousins, Norman: Der Arzt in uns selbst. Reinbek 1984.

Csikszentmihalyi, Mihaly: Flow. Das Geheimnis des Glücks.
Stuttgart 1992.

Czernin, Monika: Jeder Augenblick ein Staunen. Vom Abenteuer
mit einem Kind zu wachsen. Zürich/Düsseldorf 1999.

Dalai Lama: Der Friede beginnt in Dir. München 1998.

Eggetsberger, Gerhard H.: Power für den ganzen Tag.
München 1997.

Ehrhardt, Ute: Gute Mädchen kommen in den Himmel,
böse überall hin. Frankfurt am Main 1994.

Fisher, Helen: Das starke Geschlecht. München 2000.

Gibran, Khalil: Der Prophet.
Freiburg im Breisgau 1982.

Gray, John: Männer sind anders. Frauen auch. München 1992.

Holler, Johannes R.: Power für die grauen Zellen.
Wessobrunn 1993.

Horx, Matthias: Megatrends für die späten neunziger Jahre.
München 1998.

Houston, Jean: Der mögliche Mensch. Basel 1984.

Kabat-Zinn, Myla & Jon: Mit Kindern wachsen. Die Praxis der
Achtsamkeit in der Familie. Freiamt 1997.

Kutschera, Gundl; Harbauer, Eva: In Resonanz leben durch die
Kraft Deiner Quelle, Phantasiereisen im NLP. Paderborn 1996.

Laborde, Genie: Kompetenz und Integrität. Paderborn 1994.

Largo, Remo H.: Kinderjahre. München 1999.

Literatur

Luther, Michael & Maaß, Evelyne: NLP Spiele-Spektrum. Basisarbeit. Paderborn 1994.

Mello, Anthony de: Eine Minute Unsinn. Freiburg im Breisgau 1993.

Mello, Anthony de: Eine Minute Weisheit. Freiburg im Breisgau 1986.

Mello, Anthony de: Wer bringt das Pferd zum Fliegen? Freiburg im Breisgau 1989.

Nhat Hanh, Thitch: Das Glück einen Baum zu umarmen. Geschichten von der Kunst des achtsamen Lebens. München1997.

Preuschoff, Gisela: Kinder zur Stille führen. Freiburg im Breisgau 1996.

Robbins, Anthony: Das Power Prinzip. München 1999.

Roberts, Jane: Emirs Erziehung im rechten Gebrauch der magischen Kräfte. Nördlingen 1989.

Rubin, Harriet: Soloing. Die Macht des Glaubens an sich selbst. Frankfurt am Main 2001.

Sams, Jamie: Die Traumpfade der Indianerin. Sieben Schritte zu einem bewußten Leben. München 1999.

Sanchez, Victor: Die Lehren des Don Carlos, Praktische Anwendung der Lehren Carlos Castanedas. Essen 1996.

Satir, Virginia: Kommunikation. Selbstwert. Kongruenz. Paderborn 1996.

Schmidt-Tanger, Martina: Veränderungs-Coaching. Paderborn 1998

Siegel, Bernie: Prognose Hoffnung. Liebe, Medizin und Wunder. Düsseldorf-Wien-New York 1988.

Silva, Kim da: Gesundheit in unseren Händen. München 2000.

Summer Rain, Mary: Mutter Erde, Vater Wind und die Geheimnisse des Lebens.

Spirituelles Wissen für Kinder. Freiburg im Breisgau 1999.

Swami Muktananda: Der Weg und sein Ziel. München 1987.

Walker, Wolfgang: Abenteuer Kommunikation. Stuttgart 1998.

Watzlawick, Paul: Anleitung zum Unglücklichsein. München 1983.

Wilber, Ken: Wege zum Selbst. München 1986.

Yoon-Nam, Seo: Den Bambus biegen. Meister Seos Anleitung zum Glücklichsein. München 1999.

Zhi-Chang, Li: Mit dem Herzen lächeln. 100 Wege, um 100 Jahre a zu werden. München 1999.